Basteln mit den ALLERKLEINSTEN

Weihnachten

Inhalt

Weihnachtszeit ist Bastelzeit

„Mama, wann ist endlich Weihnachten?" Die Vorfreude auf das große Fest (und natürlich auch auf die sehnlichst erwarteten Geschenke!) steigt mit jedem Türchen, das meine Kinder am Adventskalender öffnen dürfen. Damit die Ungeduld nicht zu groß wird, verkürzen wir uns das Warten mit liebgewonnenen Ritualen. Dazu gehört auch, dass wir uns Zeit nehmen für gemeinsames Backen und Basteln. Jedes Jahr suchen wir gemeinsam den Baum aus, tragen ihn nach Hause und schmücken ihn. Wir backen zusammen Plätzchen und bauen ein Lebkuchenhaus. Wir dekorieren die Fenster und staunen über unsere Ergebnisse, wenn wir Sterne falten, Kerzen ziehen oder mit Pinsel und Farbe kleine Kunstwerke und Geschenke zaubern.

Eine Auswahl der schönsten Ideen habe ich hier in diesem Buch zusammengestellt. Schon die Kleinsten können dabei mit Hand und Fuß mitmachen – wie etwa bei den lustigen Geschenkanhängern auf Seite 50. Bei den Betonwindlichtern dürfen sich Jungs wie echte Baumeister fühlen. Und spätestens, wenn Zuckerperlen und Schokolade zum Einsatz kommen, strahlen die Kinderaugen und die lange Zeit bis Weihnachten ist im Nu vergessen!

Ich wünsche viel Spaß beim gemeinsamen Basteln, Backen und Experimentieren – und eine wundervolle Weihnachtszeit.

Susanne Pypke

im
Winter-
wunderland

Watte-Eisbär

1 Übertrage die Vorlage für den Eisbär und das Ohr auf das Tonpapier und schneide beide Teile aus.

2 Falte das Ohr an der gestrichelten Linie um und klebe es auf den Bären. Dann klebst du das Wackelauge und den Pompon als Nase auf.

3 Male mit dem schwarzen Filzstift den Mund und die Augenbraue auf. An den Pfoten die Krallen aufmalen.

4 Bestreiche den Eisbär mit dem Klebestift und klebe ihm ein kuscheliges Wattefell auf.

DU BRAUCHST:

* Tonpapier in Weiß, A4
* Bleistift
* Schere
* Alleskleber
* Wackelauge, ø 1 cm
* Mini-Pompon in Schwarz, ø 1 cm
* Filzstift in Schwarz
* Klebestift
* Watte in Weiß

Vorlagen: Eisbär und Ohr auf Seite 77

EIERKARTON-PINGUINE

1 Trenne mit der Schere ein Schälchen aus dem Eierkarton heraus und schneide es oben am Rand gerade ab.

2 Male einen weißen Bauch oder ein weißes Gesicht auf das Schälchen. Den Rest malst du schwarz oder grau an.

3 Schneide aus dem Tonkarton zwei kleine Rechtecke für die Füße aus. Knicke sie einmal in der Mitte und klebe die Füße mit der entstandenen Lasche unten in das Schälchen.

4 Jetzt schneidest du aus dem Tonkarton noch ein spitzes Dreieck für den Schnabel aus und klebst ihn zusammen mit den Wackelaugen auf das Pinguingesicht.

DU BRAUCHST:

* Eierkarton
* Schere
* Bastelfarbe in Schwarz und Weiß
* Pinsel
* Tonkartonrest in Orange oder Gelb
* Alleskleber
* 2 Wackelaugen, ø 8-10 mm

Glitzer-Salzteiganhänger

TIPP
Falte ein Blatt Papier einmal in der Mitte und öffne es wieder. Schütte den überschüssigen Glitter vom Teller auf das Papier und lass ihn in der Faltrinne zurück in das Döschen rutschen.

DU BRAUCHST:

* Salzteig (siehe Seite 70)
* Lebensmittelfarbe in Blau, Grün und Gelb
* Wellholz
* Keksausstecher
* Strohhalm
* Backblech mit Backpapier
* Bastelkleber
* Pinsel
* kleiner Teller
* Glitter in Gold, Grün, Türkis, Weiß und Pink

1 Teile den Salzteig in drei Teile und färbe ihn mit der Lebensmittelfarbe blau, grün und gelb ein (siehe Grundanleitung Seite 70).

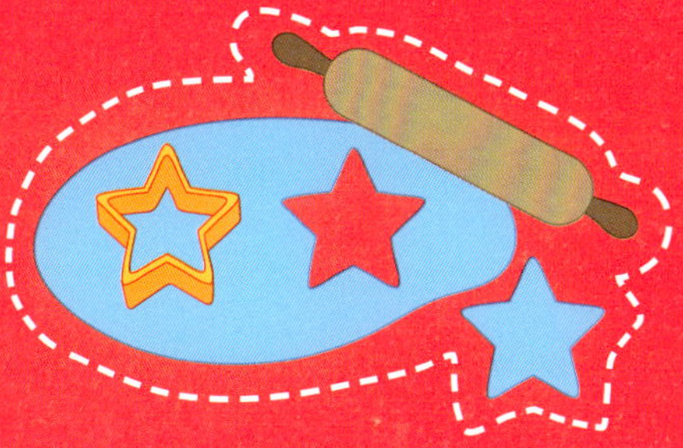

2 Rolle den Teig mit dem Wellholz etwa 1,5 cm dick aus und stich mit den Keksausstechern die Formen aus.

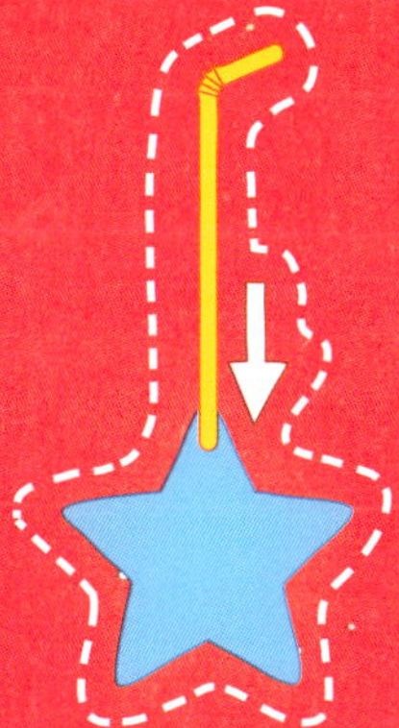

3 Stich mit dem Strohhalm oben jeweils ein Loch hinein, damit du deine Anhänger später aufhängen kannst. Erst an der Luft, dann im Backofen aushärten lassen (siehe Grundanleitung Seite 70).

4 Bemale die Ausstecher mit Kleber. Lege sie dazu auf den kleinen Teller und streue anschließend den Glitter darauf. Gut trocknen lassen.

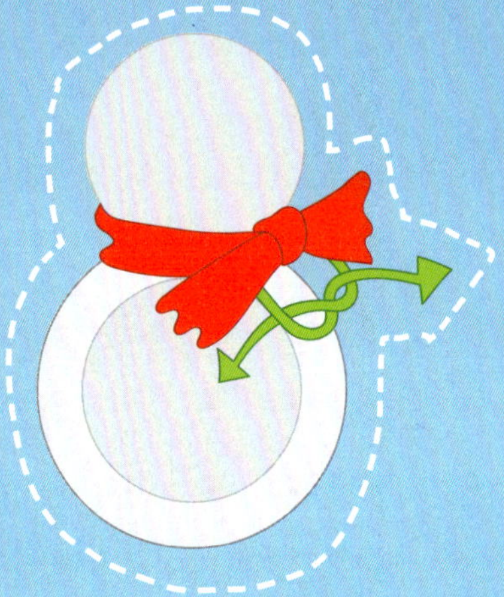

1 Schneide für den Kopf den geriffelten Rand von einem Pappteller ab und klebe ihn auf den zweiten Teller.

2 Binde den Kreppapierstreifen als Schal um.

3 Schneide mithilfe der Vorlage den schwarzen Hut und die orangefarbene Nase aus Tonpapier zu und klebe beides auf.

4 Klebe die drei Knöpfe und die Wackelaugen auf. Den Mund mit dem Filzstift aufmalen.

Schneemann

DU BRAUCHST:

* 2 Pappteller in Weiß, ø 23 cm
* Schere
* Alleskleber
* Krepppapier in Rot, 10 cm x 70 cm
* Bleistift
* Tonpapier in Schwarz, A5
* Tonpapierrest in Orange
* 3 Knöpfe in Schwarz, ø 2 cm
* 2 Wackelaugen, ø 1,8 cm
* Filzstift in Schwarz

Vorlagen: Hut und Nase auf Seite 73

DU BRAUCHST:

* Tontopf, ø 9 cm
* Bastelfarbe in Petrol und Hellblau
* Pinsel
* Klarlack für den Außenbereich, schadstoffarm
* stabiler Ast, 4 cm lang
* Kordel, 40 cm und 20 cm lang
* Holzperle in Mintgrün, ca. ø 1,5 cm
* Meisenknödel

Vogelfutterplatz

1 Male den Tontopf petrolfarben an und lass die Farbe gut trocknen. Male danach ein Muster, zum Beispiel Schneeflocken, Sterne oder Punkte, auf.

2 Bemale den Tontopf nach dem Trocknen mit dem Klarlack und lass alles noch einmal gut trocknen.

3 Knote die längere Kordel für die Aufhängung mittig um den Ast. Lege ihn in den Topf, fädle die Kordelenden durch das Loch nach außen und durch die Holzperle. Dann die Enden miteinander verknoten.

4 Binde den Meisenknödel mithilfe der kurzen Kordel am Ast fest, sodass er unten aus dem Topf herausschaut.

Vogelhäuschen

DU BRAUCHST:

* 6 Holzspatel, 1,8 cm x 15 cm
* Express-Holzleim
* Tonpapierreste in Weiß, Gelb und Rot-, Blau- und Lilatönen
* Bleistift
* Schere
* Alleskleber
* Filzstift in Schwarz

Vorlagen: Kreis, Halbkreis, Schnabel und Schneeteile auf Seite 76 und 77

1. Klebe vier Holzspatel mit Express-Holzleim zu einem Qua-drat zusammen. Dann klebst du die zwei restlichen Spatel als Dach auf. Alles gut trocknen lassen.

2. Schneide die Schneehaufen aus weißem Tonpapier aus und klebe sie mit Alleskleber auf das Häuschen.

3. Jetzt mithilfe der Vorlagen drei Kreise für die Vogelkörper, drei Halbkreise für die Flügel und drei Dreiecke für die Schnäbel aus dem Tonpapier ausschneiden. Die Kreise einmal zur Hälfte falten.

4. Klebe die Schnäbel in und die Flügel auf den gefalteten Vogelkörper. Male noch das Auge auf und klebe die fertigen Vögelchen auf das Haus.

Klorollen-Schneeflocken

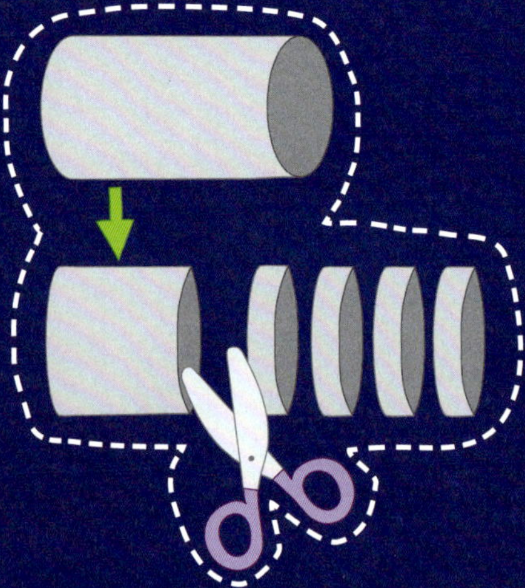

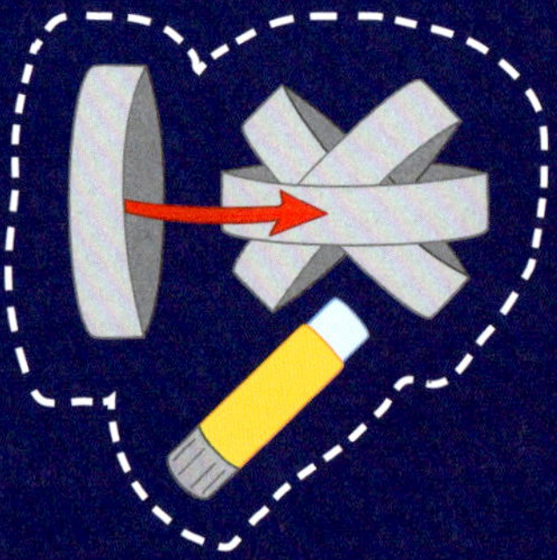

1 Drücke die Klorolle mit deiner Hand flach und schneide vier etwa 1,5 cm breite Ringe ab.

2 Trage mit dem Klebestift mittig auf beiden Seiten des ersten Rings etwas Kleber auf. Stecke den zweiten Ring über Kreuz auf und drücke ihn an. Mit dem dritten und dem vierten Ring verfährst du genauso.

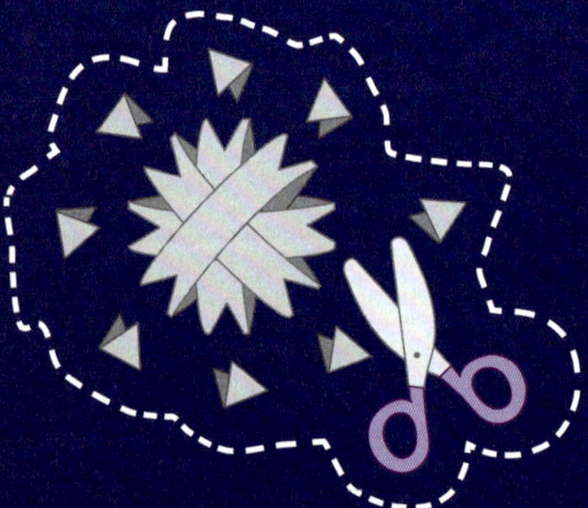

3 Schneide kleine Dreiecke aus den acht Spitzen deiner Schneeflocke.

4 Zum Schluss malst du deine Schneeflocke rundum an und klebst nach dem Trocknen Glitzersteine auf.

DU BRAUCHST:

* Klorolle
* Schere
* Klebestift
* Bastelfarbe in Weiß und Hellblau
* Pinsel
* Glitzersteine in Silber und Blautönen
* Alleskleber

Pappteller-Hirsch

1 Male die Oberseite des Papptellers braun an. Wenn die Farbe trocken ist, faltest du den Teller rechts und links schräg zur Mitte, sodass eine Spitze entsteht, und klebst ihn fest.

2 Verdrehe je vier Pfeifenputzer – von jeder Länge ein Stück – miteinander und fächere dabei nach und nach die Enden auf, damit ein Geweih entsteht.

3 Klebe beide Geweihe von hinten an den Teller. Dann die Wackelaugen und die Pomponnase aufkleben.

4 Als Letztes schneidest du mithilfe der Vorlage zwei weiße Ohren aus Tonpapier aus und klebst sie oben rechts und links an den Teller.

DU BRAUCHST:

* Pappteller in Weiß, ø 23 cm
* Bastelfarbe in Braun
* Pinsel
* Alleskleber
* Pfeifenputzer in Braun, 2x 20 cm, 2x 15 cm, 2x 10 cm und 2x 5 cm lang
* 2 ovale Wackelaugen, 2 cm hoch
* Pompon in Schwarz, ø 2 cm
* Tonpapierrest in Naturweiß
* Bleistift
* Schere

Vorlage: Ohr auf Seite 72

Bunte Bommelmütze

DU BRAUCHST:

* Wellpapperest
* Fusselrolle
* Bastelfarbe in Rot und Blau
* Pinsel
* Tonpapier in Weiß, 2x A4 und Rest
* Luftpolsterfolie
* Klebefilm
* großer Plastikdeckel
* Bleistift
* Schere
* Seidenpapier in Orange
* Klebestift

Vorlagen: Mütze, Krempe und Bommel auf Seite 75

1 Baue dir zuerst einen Rollstempel (siehe Seite 69), indem du die Wellpappe um die Fusselrolle klebst. Dann gibst du etwas rote Farbe auf die Wellpappe und rollst den Stempel über das erste Papier.

2 Für den zweiten Stempel klebst du ein Stück Luftpolsterfolie mit Klebefilm auf den Plastikdeckel (siehe Seite 69). Bestemple mit ihm das zweite Papier mit blauer Farbe.

3 Schneide aus dem Papierrest mithilfe der Vorlage den Bommel aus. Dann das Seidenpapier in Stücke reißen, knüllen und mit Klebestift aufkleben.

4 Zum Schluss schneidest du mithilfe der Vorlagen aus den bestempelten Papieren die Mütze und die Krempe aus und klebst alle Teile zusammen.

18

ADVENT UND WEIHNACHTEN

Zapfen-Rudi

DU BRAUCHST:

* Bastelfilzrest in Rot
* Bleistift
* Schere
* Alleskleber
* Watte
* Tannenzapfen
* 2 Wackelaugen, ø 1,5 cm
* Pompon in Rot, ø 2 cm
* Pfeifenputzer in Braun, 2x 12,5 cm lang

Vorlage: Mütze auf Seite 73

1 Schneide die Mütze mithilfe der Vorlage aus dem Bastelfilz aus und klebe sie zusammen. Dann klebst du einen Wattestrang um den Mützenrand.

2 Gib nun etwas Klebstoff innen auf den Mützenrand und schiebe das dicke Ende des Zapfens in die Mütze. Fixiere danach die Wackelaugen und die Pomponnase.

3 Verdrehe die Pfeifenputzer zu einem Geweih und forme den Draht so, dass je zwei Spitzen entstehen.

4 Schneide rechts und links einen kleinen Schlitz in die Mütze und stecke das Geweih ein.

Holz-Nikolaus

1 Male die obere Hälfte der Astscheibe mit roter Bastelfarbe an und lass sie trocknen.

2 Jetzt einen 1 cm breiten Streifen für das Gesicht frei lassen und das untere Ende der Scheibe weiß anmalen. Lass die Farbe auch hier gut trocknen, bevor du weiterbastelst.

3 Bitte einen Erwachsenen, die Holzperle mit dem Cuttermesser zu halbieren. Dafür mit der Klinge mittig auf dem Loch ansetzen und mit etwas Kraft nach unten drücken. Die Perle als Nase aufkleben und die Augen mit Filzstift aufmalen.

4 Lege ein kleines Stück Kordel doppelt und klebe die Enden auf der Rückseite des Nikolaus fest.

DU BRAUCHST:

* Astscheibe, 5-7 cm hoch
* Bastelfarbe in Rot und Weiß
* Pinsel
* Holzperle in Rot, ø 1 cm
* Cuttermesser
* Alleskleber
* Filzstift in Schwarz
* Kordel für die Aufhängung

1 Nimm vier Holzspatel, schneide einen in der Mitte in zwei Hälften und klebe die Holzstücke zu einem Haus zusammen.

2 Schneide von einem Holzspatel beide Enden ca. 3,5 cm lang ab und klebe sie als Krippe von hinten in das Haus.

3 Halbiere einen weiteren Spatel und male die Stücke als Josef und Maria an. Klebe sie rechts und links von hinten in das Haus. Für das Jesuskind ein 3,5 cm langes Endstück des letzten Spatels abschneiden, anmalen und hinter die Krippe kleben.

4 Jetzt schneidest du den Stern mithilfe der Vorlage aus Tonpapier aus, fädelst einen Faden hindurch und klebst ihn an das Dach.

Weihnachts-krippe

DU BRAUCHST:

* 7 Holzspatel, 1,8 cm breit, 15 cm lang
* Schere
* Express-Holzleim
* Bastelfarbe in Rot, Blau, Grün, Violett und Braun
* Pinsel
* Filzstift in Schwarz
* Tonpapierrest in Gelb
* Bleistift
* Nähgarn in Gelb
* Sticknadel

Vorlage: Stern auf Seite 73

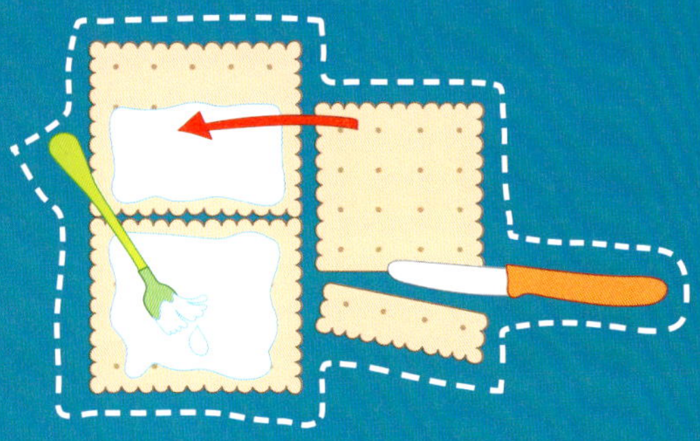

1 Schneide von einem Keks an der schmalen Kante einen etwa 1 cm breiten Streifen ab. Dann legst du zwei ganze Kekse mit den langen Kanten aneinander und klebst den zugeschnittenen Keks mit Zuckerguss mittig auf, sodass der Übergang verschlossen ist.

2 Jetzt bei zwei Keksen an einer langen Kante einen etwa 1 cm breiten Streifen abschneiden. Danach schneidest du zwei weitere Kekse auf gleicher Höhe für den Giebel spitz zu.

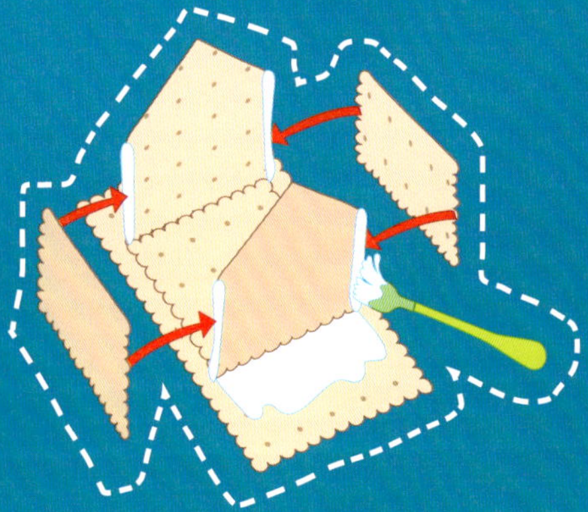

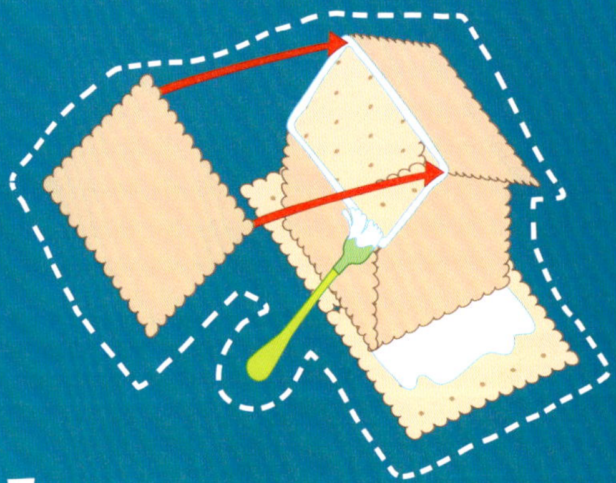

3 Streiche die Kanten der Hausteile mit Zuckerguss ein und klebe das Haus auf der Bodenplatte zusammen.

4 Bestreiche nun auch noch die Dachkanten mit Zuckerguss und setze zwei Kekse als Dach auf. Jetzt kannst du dein Haus nach Lust und Laune mit Zuckerguss, Kokosraspeln, Zuckerperlen und Schokolinsen verzieren.

Butterkekshaus

DU BRAUCHST:

* 9 Butterkekse
* Küchenmesser mit Wellenschliff
* dickflüssiger Zuckerguss (siehe Seite 71)
* Backpinsel
* Kokosraspel
* Zuckerperlen
* Mini-Schokolinsen

Weihnachtsengel

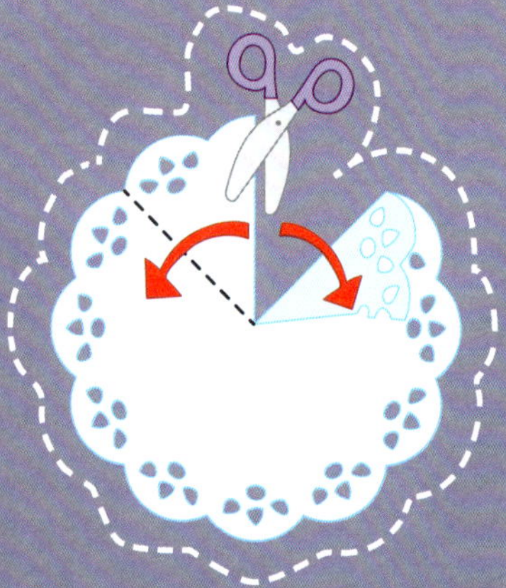

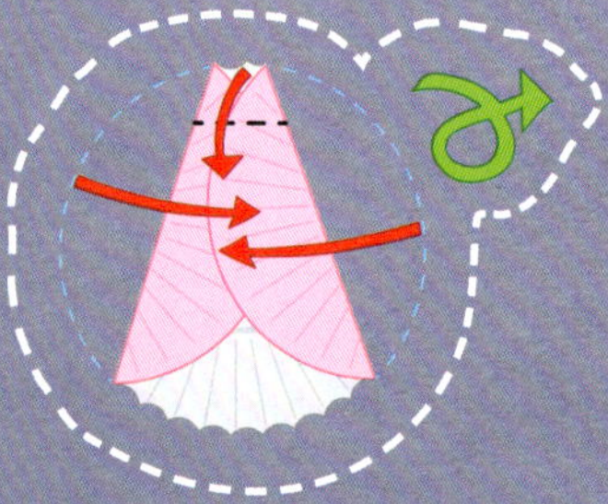

1 Schneide die Tortenspitze vom Rand bis zur Mitte ein und falte das Papier am Einschnitt nach rechts und links um. Das sind die Flügel.

2 Drücke das Muffinförmchen flach. Falte es rechts und links schräg nach innen und die Spitze fingerbreit nach unten. Das ist das Kleid.

DU BRAUCHST:

* Mini-Tortenspitze, ø 10 cm
* Schere
* Mini-Muffinförmchen in Rot und Weiß mit Pünktchen, 3,5 cm x 2 cm
* Holzspatel, 1,8 cm breit, 15 cm lang
* Alleskleber
* Pfeifenputzer in Gold, 10 cm lang
* Bastelfarbe in Braun
* Pinsel
* Filzstift in Schwarz

3 Klebe das Kleid auf den Holzspatel und diesen auf die Flügel. Dann biegst du den Pfeifenputzer zu einem Kreis, verdrehst die Enden und klebst den Heiligenschein von hinten an den Holzspatel.

4 Zum Schluss malst du die Haare und das Gesicht auf.

Flausche-Nikolaus

DU BRAUCHST:

* Pappteller in Weiß, ø 23 cm
* Bastelfarbe in Hautfarbe
* Pinsel
* Tonpapier in Rot, A4
* Bleistift
* Schere
* Alleskleber
* Wattebäusche in Weiß
* Klebestift
* 2 Wackelaugen, ø 2,4 cm
* Pompon in Rot, ø 2 cm

Vorlage: Mütze auf Seite 74

1 Male den Pappteller mit der Bastelfarbe an und lass ihn trocknen.

2 Schneide die Mütze mithilfe der Vorlage aus dem Tonpapier aus, klebe sie mit Alleskleber oben auf den Pappteller und falte den Zipfel schräg nach unten.

3 Jetzt klebst du die Wattebäusche mit dem Klebestift als Bart, Mützenkrempe und Bommel auf.

4 Zum Schluss die Wackelaugen und die Pomponnase aufkleben.

Strohhalm-Weihnachtskugeln

1 Ziehe alle Strohhalme an der Knickstelle auseinander und drücke die Knickstellen anschließend flach.

2 Nimm die Strohhalme so in die Hand, dass die Knickstellen immer zur gleichen Seite hin zeigen. Wickle oben und unten je ein Gummiband um die Halme.

3 Wickle den Draht an den Knickstellen um die Halme und ziehe sie damit richtig fest zusammen. Die Drahtenden fest miteinander verdrehen und abschneiden.

4 Schneide die Strohhalme auf beiden Seiten 5 cm neben dem Draht ab und fächere sie mit den Fingern auf, sodass eine schöne Kugel entsteht.

DU BRAUCHST:

* 24 knickbare Strohhalme
* 2 Haushaltsgummis
* Kupferdraht, ø 1 mm, 20 cm lang
* Schere

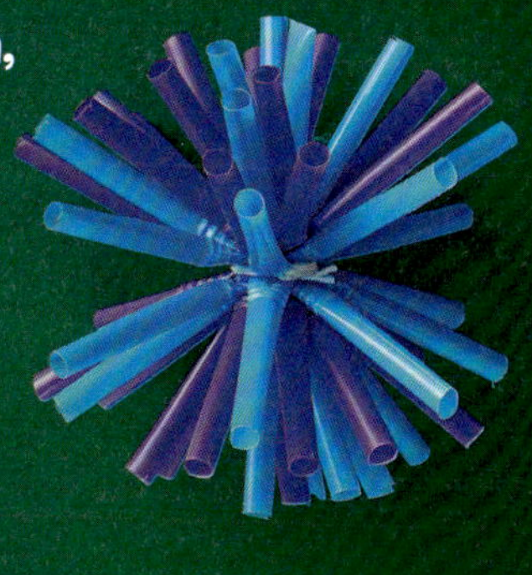

Wellpappe-Baumschmuck

DU BRAUCHST:

* Wellpappe in Weiß und Silber, 50 cm x 70 cm
* Bleistift
* Schere
* Stickgarn in Silber, 30 cm lang
* Alleskleber

Vorlagen: Zuschnitte auf Seite 77

1 Lege die Vorlage mit dem breiten Ende an einer Welle der Pappe an und zeichne den Umriss mit Bleistift auf. Dann schneidest du die Form aus.

2 Lege das Stickgarn doppelt und verknote die Enden miteinander.

3 Klebe das Stickgarn als Aufhänger am breiten Ende des Streifens auf und lass die Schlaufe über die Pappe herausragen.

4 Rolle den Wellpappestreifen vom breiten Ende her auf und klebe die letzte Runde mit Alleskleber fest.

Klammer-Christbaum

DU BRAUCHST:

* 3 Holzwäscheklammern
* Bastelfarbe in Grün
* Pinsel
* Alleskleber
* Tonpapierrest in Silber
* Bleistift
* Schere
* 8 Pompons in verschiedenen Farben, ø 1 cm

Vorlage: Stern auf Seite 76

1 Nimm die Wäscheklammern auseinander und male die Holzteile rundum grün an. Gut trocknen lassen.

2 Klebe immer zwei Holzteile an den kurzen Schrägen zu einem Paar zusammen. Danach klebst du die drei Klammer-Paare zusammen.

3 Übertrage den Stern auf das Tonpapier. Schneide ihn aus und klebe ihn oben am Baum fest.

4 Jetzt schmückst du deinen Baum noch mit bunten Pompons. Klebe die Pompons dazu mit dem Alleskleber auf.

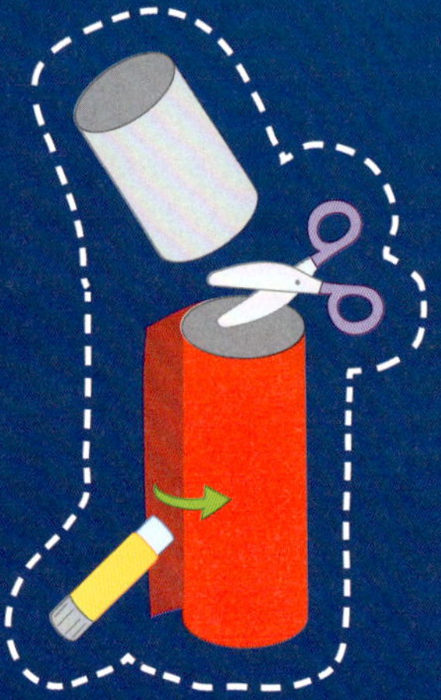

1 Klebe das Tonpapier mit dem Klebestift um die Klorolle und schneide das überstehende Papier an den Rändern mit der Schere ab.

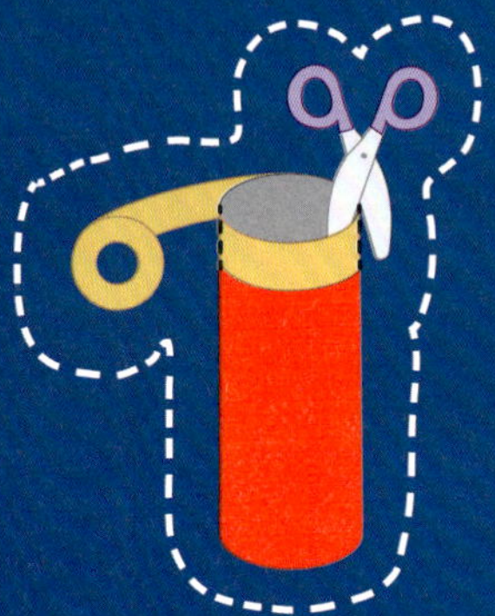

2 Klebe das glitzernde Masking Tape um den oberen Kerzenrand. Dann schneidest du den Klorollenrand an zwei sich gegenüberliegenden Stellen etwa 1,5 cm tief ein.

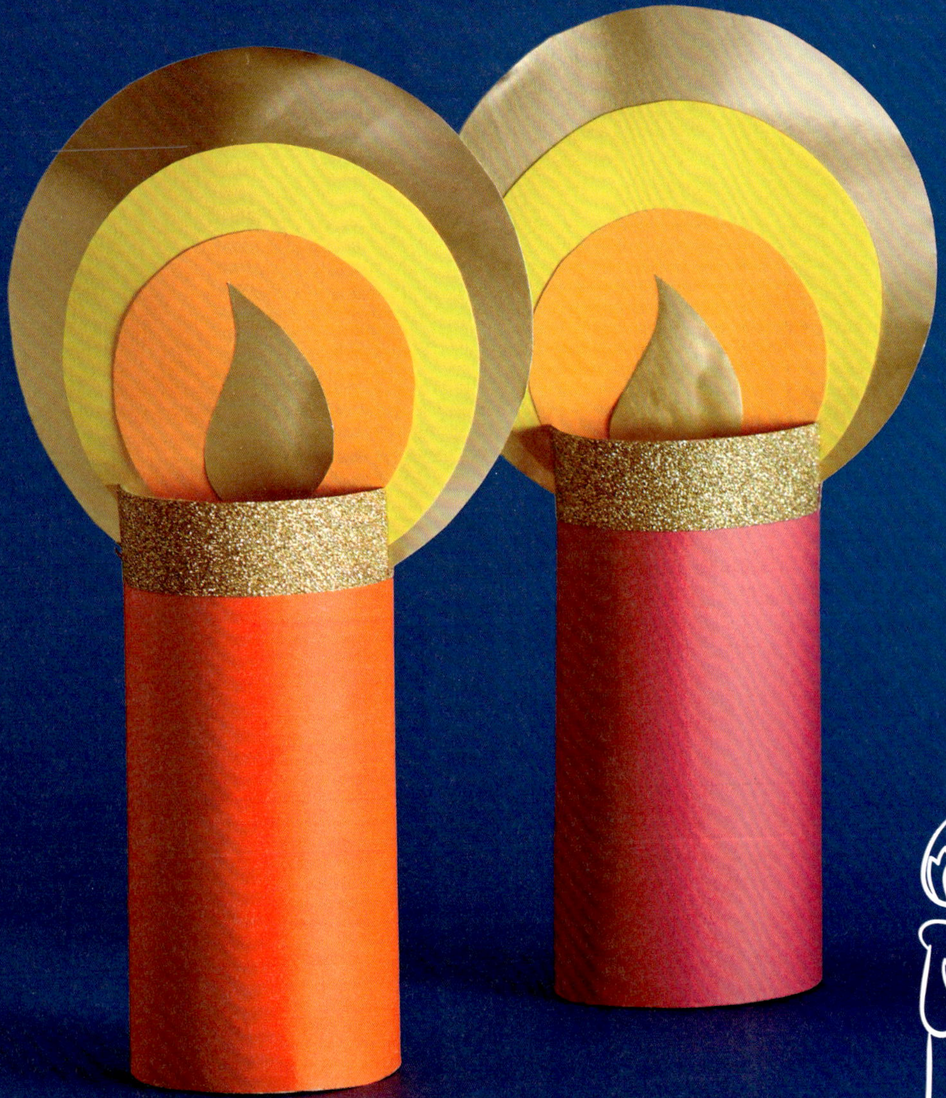

3 Schneide mithilfe der Vorlagen den Kerzenschein und die Flamme aus dem Tonpapier und der Goldfolie aus.

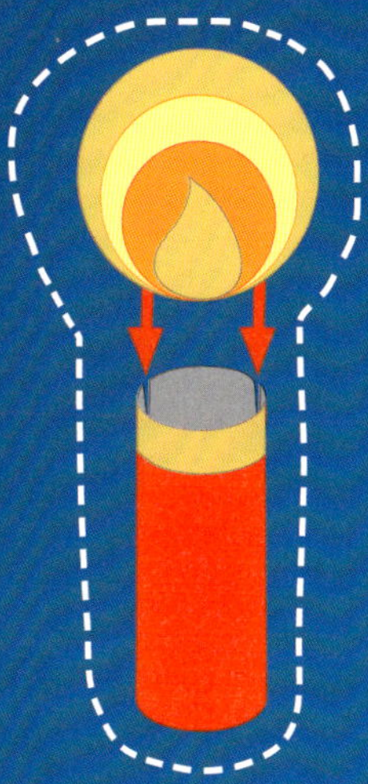

4 Klebe die Kreise und die Flamme aufeinander und stecke sie oben in die Schlitze der Klorolle.

Kerzen-Trio

DU BRAUCHST:

* Klorolle
* Tonpapier in Pink, Rot und Blau, 12 cm x 15 cm
* Klebestift
* Schere
* Masking Tape in Gold glitzernd
* Tonpapierreste in Gelb und Orange
* Alubastelfolie in Gold
* Bleistift

Vorlagen: Kreise und Flamme auf Seite 72

Licht- und Sternen-glanz

DU BRAUCHST:

* Origamipapier in verschiedenen Farben, 2x 15 cm x 15 cm
* Schere
* Klebestift

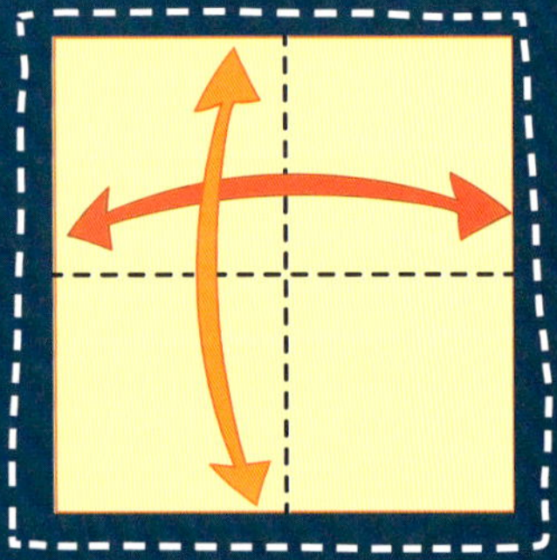

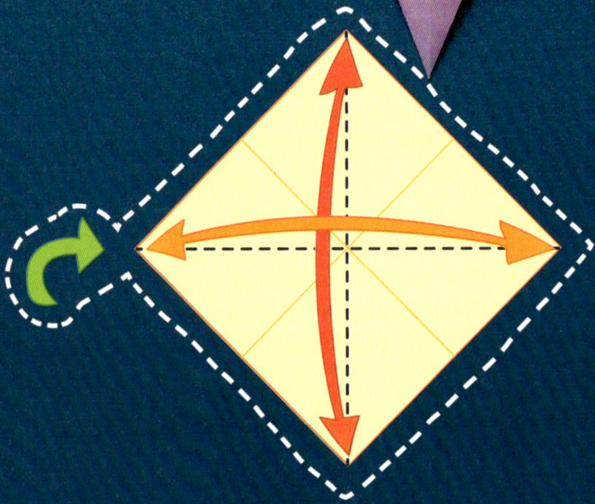

1 Lege das Papier vor dich auf den Tisch. Falte die untere auf die obere Kante und öffne das Papier wieder. Dann faltest du die rechte auf die linke Kante und öffnest das Papier erneut.

2 Jetzt das Papier um 90 Grad drehen, die untere Spitze auf die obere falten und wieder öffnen. Mit den anderen beiden Spitzen verfährst du genauso.

Doppelsternchen

3 Schneide das Papier an den geraden Kanten entlang der Faltlinie etwa 3,5 cm weit ein. Danach faltest du die Ecken bis zur jeweiligen diagonalen Faltlinie ein.

4 Falte wie beschrieben einen zweiten Stern und klebe beide Sterne versetzt aufeinander.

Perlensterne

DU BRAUCHST:

* Pfeifenputzer in Weiß und Gold, 50 cm lang
* Schere
* Holzperlen in Rot, 6x ø 1 cm und 6x ø 1,2 cm
* 12 Holzperlen in Gold, ø 1,2 cm
* Holzperlen in Weiß, 12x ø 1 cm und 12x ø 1,4 cm

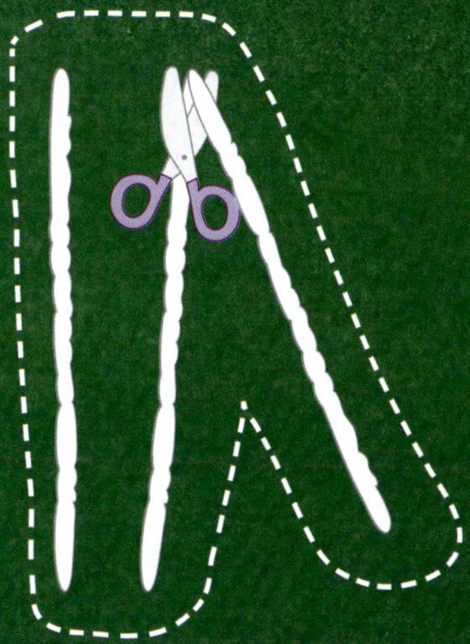

1 Schneide den Pfeifenputzer mit der Schere in drei gleich lange Stücke.

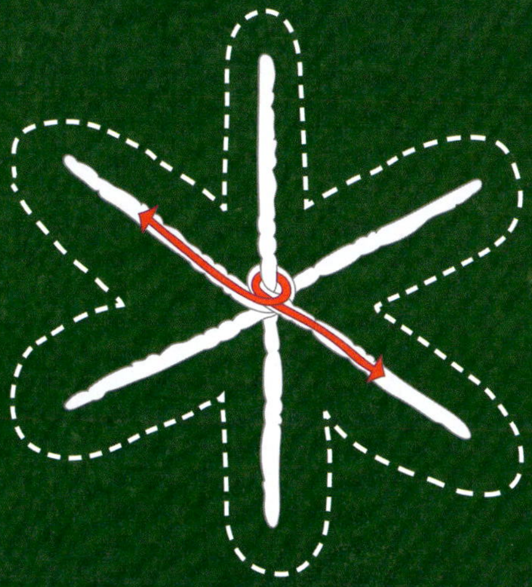

2 Verdrehe die Pfeifenputzer in der Mitte miteinander und biege die Enden sternförmig auseinander.

3 Jetzt steckst du die Perlen auf die Sternenarme, sodass ein schönes, gleichmäßiges Muster entsteht.

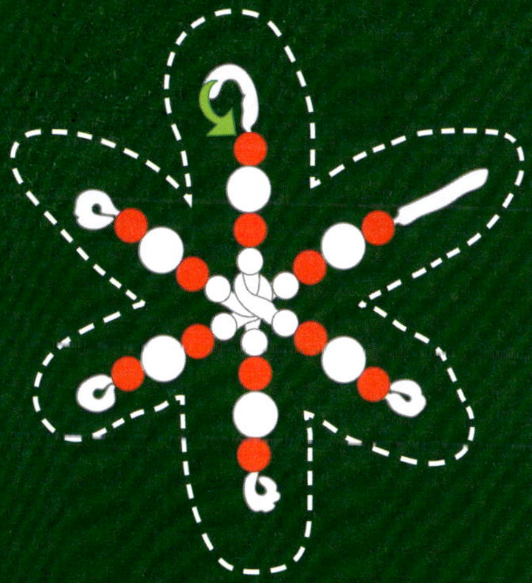

4 Biege die Sternspitzen um und fädle die Enden in die Perlen zurück.

Weihnachtskerzen

1 Übertrage die Vorlage für den Tannenbaum mit dem Bleistift auf die Papierseite der grünen Wachsplatte.

2 Schneide den Tannenbaum mit der Schere aus und ziehe das Papier auf der Rückseite ab.

3 Lege den Tannenbaum auf die Kerze und deine warme Hand so lange darauf, bis er auf der Kerze haften bleibt.

4 Forme kleine Kugeln aus den Wachsresten. Verteile sie auf dem Baum und drücke sie fest an.

TIPP
Anstatt die Motive auszuschneiden, kannst du auch ganz einfach schöne Motive mit Keksausstechern ausstechen und auf der Kerze anbringen.

DU BRAUCHST:

* Verzierwachsplatte in Grün und Reste in verschiedenen Farben
* Bleistift
* Schere
* Stumpenkerze in Hellgrün, ø 6 cm, 10 cm hoch

Vorlage: Tannenbaum auf Seite 73

Nikolaus-sack

1 Schneide die Pappe auf die Größe des Stoffbeutels zu und schiebe sie in den Beutel, damit die Stoffmalfarbe nicht auf die Rückseite durchdrucken kann.

2 Bitte einen Erwachsenen, deinen Namen mithilfe des Stoffmalstiftes und der Schablonen auf den Beutel zu schreiben.

3 Schnitze dir wie in der Grundanleitung auf Seite 69 beschrieben einen Kartoffelstempel. Trage ganz dünn etwas Stoffmalfarbe auf und stemple Sterne auf deinen Beutel.

4 Wenn du die Farbe wechseln möchtest, wischst du den Stempel mit einem feuchten Küchentuch ab und trägst die neue Farbe auf. Alles gut trocknen lassen und die Stofffarben nach Herstellerangaben fixieren.

DU BRAUCHST:

* vorgewaschener Stoffbeutel
* dünne Pappe
* Schere
* Stoffmalstift in Schwarz
* Buchstabenschablonen
* große Kartoffel
* Keksausstecher Stern
* kleines Messer
* Stoffmalfarbe in Gold, Orange, Pink, Hell- und Dunkelblau
* Pinsel
* feuchtes Küchentuch

Beton-Teelichthalter

DU BRAUCHST:

* Moosgummirest
* Keksausstecher Stern und Mond
* Schere
* Alleskleber
* Pappbecher
* Öl
* Pinsel
* Kreativ-Beton
* Teelicht
* Bastelfarbe in Gelb und Blau
* Dekoband in Orange und Blau, 40 cm lang

TIPP
Verstärke den Boden des Pappbechers von unten **mit** Pappe oder Moosgu**mmi**, da**mit** er sich nicht durchbiegt.

1 Drücke den Keksausstecher fest auf das Moosgummi, sodass ein Abdruck entsteht. Schneide das Motiv aus und klebe es in den Pappbecher.

2 Pinsle den Pappbecher innen mit etwas Öl aus. Dann rührst du den Beton nach Herstellerangaben an und gießt ihn bis ca. 5 mm unterhalb des Becherrandes ein.

3 Das Teelicht mittig eindrücken und den Beton aushärten lassen (siehe Seite 70).

4 Entferne den Pappbecher, das Teelicht und das Moosgummi und lass deinen Teelichthalter noch einmal über Nacht komplett durchtrocknen. Danach kannst du ihn nach Wunsch anmalen und mit einem Band verzieren.

Metall-Sterne

DU BRAUCHST:

* Alu-Prägefolie in Silber
* Bleistift
* Schere
* weiche Unterlage
* Stricknadel
* Glitzersteine
* Alleskleber
* Sticknadel
* Dekoband in Weiß

Vorlage: Stern auf Seite 74

1 Übertrage die Vorlage für den Stern mit Bleistift auf die Prägefolie und schneide ihn aus.

2 Lege den Stern auf eine weiche Unterlage, zum Beispiel eine alte Zeitung, und verziere ihn. Drücke dazu mit der Stricknadel Punkte, Formen oder Linien ein.

3 Jetzt klebst du noch bunte Glitzersteinchen auf deinen Stern.

4 Stich mit der Sticknadel in eine Sternzacke ein Loch, fädle das Band durch und verknote es an den Enden.

1 Lege eine Kopie der Vorlage mittig auf die Alubastelfolie und fahre die Linien mit einem spitzen Bleistift nach, sodass sie sich auf die Folie übertragen.

2 Jetzt legst du die Alubastelfolie auf die weiche Unterlage und stichst mit der Prickelnadel in kleinen regelmäßigen Abständen Löcher in die eingedrückten Linien.

3 Klebe das Papier an den schmalen Seiten aufeinander, sodass eine Röhre entsteht.

4 Stülpe die Röhre auf ein passendes Glas und stelle ein LED-Teelicht hinein.

Prickel-Windlicht

DU BRAUCHST:

* Alubastelfolie in Gold, 25 cm x 10 cm
* Bleistift
* weiche Unterlage
* Prickelnadel
* Alleskleber
* kleines Glas
* LED-Teelicht

Vorlage: Schneeflocke auf Seite 72

DU BRAUCHST:

* Tonpapier in Gelb, Silber und Gold, 24 cm x 34 cm
* Bleistift
* Schere
* Klebefilm
* Klebestift

Vorlage: Grundform Stern auf Seite 76

Pluster-Sterne

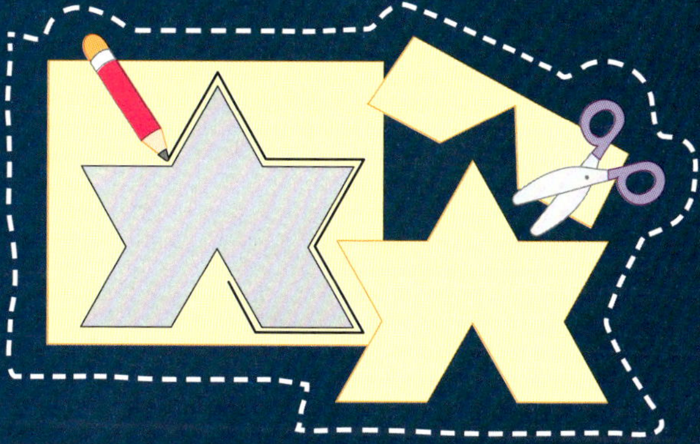

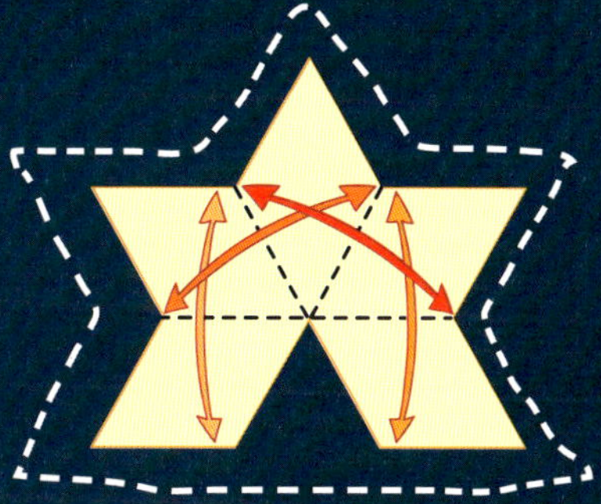

1 Übertrage die Vorlage der Grundform pro Stern zwei Mal auf das Tonpapier und schneide sie aus.

2 Falte nun immer zwei nebeneinanderliegende Sternzacken aufeinander und öffne sie wieder.

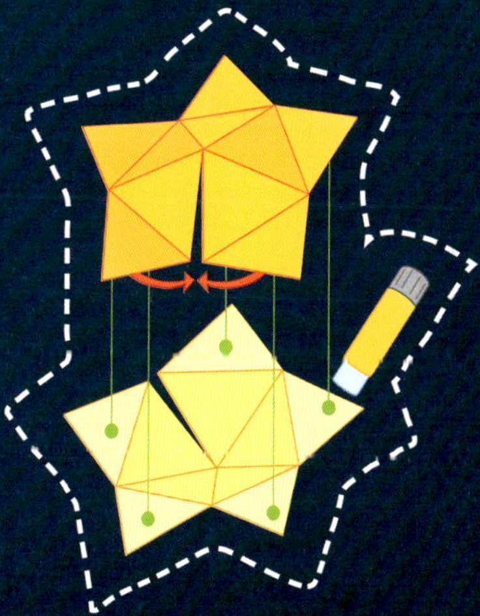

3 Drehe den Stern um, falte alle Zacken zur Mitte und öffne sie wieder. Die zweite Sternhälfte genauso falten.

4 Schließe die Lücke an beiden Sternhälften, indem du die Kanten auf der Innenseite mit einem kleinen Stück Klebefilm zusammenklebst. Dann klebst du die Sternhälften an den Zacken aufeinander.

SCHENKEN
UND
FEIERN

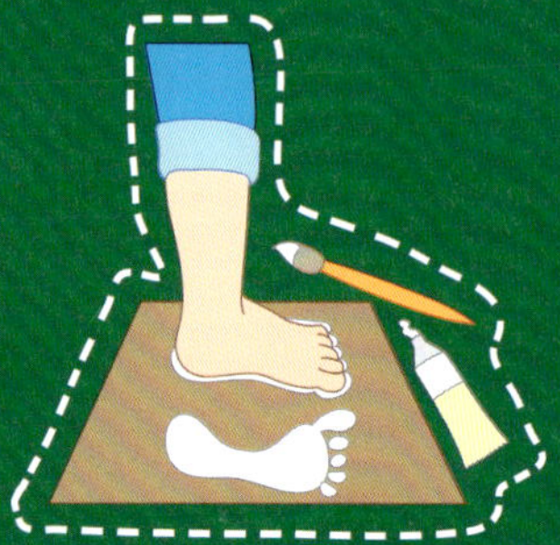

1 Male deine Fußsohle mit Bastelfarbe an und drücke deinen Fuß auf die Pappe. Hebe den Fuß vorsichtig wieder an und lass die Farbe gut trocknen.

2 Für den Schneemann schneidest du als Erstes den Hut aus schwarzem Tonkarton aus und klebst ihn auf den Abdruck. Schneide den Filz an beiden Enden fransig ein und in zwei Stücke und klebe sie als Schal auf. Zuletzt das Gesicht aufmalen und die Pompons als Knöpfe aufkleben.

3 Verdrehe für das Rentier die Pfeifenputzer miteinander und forme sie zu einem Geweih. Dann die Schleife aus rotem Tonkarton ausschneiden und zusammen dem roten Pompon, den Wackelaugen, der Nase und dem Geweih auf den Fußabdruck kleben.

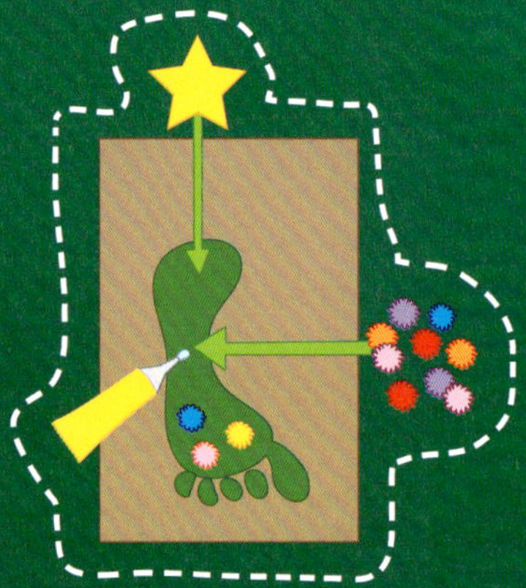

4 Für den Tannenbaum-Anhänger schneidest du den gelben Stern aus Tonkarton aus und klebst ihn oben auf den Fußabdruck. Danach beklebst du den restlichen Abdruck mit den bunten Pompons.

Fertigstellung

Zeichne mit dem Lineal ein Rechteck um das fertige Motiv und schneide den Anhänger aus. Dann noch die oberen Ecken schräg anschneiden, den Anhänger lochen und das Band verknoten.

Geschenkanhänger

DU BRAUCHST:

* Dicke Pappe in Hellbraun, A4
* Bastelfarbe in Weiß, Grün und Braun
* Pinsel
* Tonkarton in Rot, Schwarz und Gelb
* Bleistift
* Schere
* Alleskleber
* Bastelfilz in Rot, 1,5 cm x 8 cm
* Filzstift in Schwarz und Orange
* 3 Pompons in Schwarz, ø 1 cm
* Pfeifenputzer in Braun, 13 cm und 10 cm lang
* Pompons in Rot, ø 2 cm und ø 1 cm
* 2 Wackelaugen, ø 2 cm
* Pompons in Bunt, ø 1 cm
* Lineal
* Bürolocher
* Dekoband in Rot

Vorlagen: Hut und Stern auf Seite 74

Bilder-rahmen

TIPP

Um den Glitter vollständig und unfallfrei wieder zurück in die Dose zu befördern, faltest du ein Blatt Papier einmal in der Mitte und öffnest es wieder. Schütte den Glitter dann vom Teller auf das Blatt und lass ihn in der Faltrinne zurück in die Dose rutschen.

1 Bestreiche die Holzspatel auf einer Seite mit Bastelkleber. Lege sie nacheinander auf den Teller und streue den Glitter darauf. Alles gut trocknen lassen.

2 Jetzt klebst du immer drei Holzspatel mit Alleskleber zu einem Dreieck zusammen. Klebe die beiden Dreiecke aufeinander.

3 Schneide das Foto von dir so zu, dass du es hinter das Sechseck in deinen Stern kleben kannst.

4 Fädle das Dekoband durch eine Sternenzacke hindurch und verknote die Enden, damit du deinen Stern aufhängen kannst.

DU BRAUCHST:

* 6 Holzspatel, 1,8 cm breit, 15 cm lang
* Bastelkleber
* Teller
* Glitter in Gold
* Alleskleber
* Foto
* Schere
* Dekoband in Weiß, 25 cm lang

Schoko-Sticks

1 Hacke die Kuvertüre in kleine Stücke, gib sie in das Glas und lass die Schokolade langsam im Wasserbad schmelzen (siehe Seite 71).

2 Sobald die Kuvertüre flüssig ist, das Glas aus dem Wasserbad nehmen und die Salzstangen nacheinander etwa zu zwei Dritteln eintauchen. Gut abtropfen lassen.

3 Lege die Salzstangen auf ein mit Backpapier belegtes Blech und bestreue sie mit Zuckerperlen.

4 Stelle die Schoko-Sticks kalt und warte, bis die Kuvertüre fest geworden ist.

TIPP
Wenn du noch etwas Kuvertüre übrig hast, dann mische die Reste in einer Schüssel mit Cornflakes. Setze kleine Häufchen Schoko-Cornflakes auf ein Stück Backpapier und warte auch hier, bis die Schokolade fest ist.

DU BRAUCHST:

* 200 g Vollmilchkuvertüre
* 100 g Zartbitterkuvertüre
* schlankes, hohes Glas
* Kochtopf
* dicke Salzstangen
* Backblech mit Backpapier
* Zuckerperlen

Plätzchenteller

DU BRAUCHST:

* Suppenteller
* Frischhaltefolie
* Tapetenkleister
* Pinsel
* Seidenpapier in Gold
* Transparentpapier in Dunkel- und Mittelblau, Hell- und Dunkelgrün
* Sternstanzer
* 4 Papierservietten in Weiß
* Schere

1 Packe als Erstes den Suppenteller in Frischhaltefolie ein. Bestreiche ihn anschließend auf der Außenseite mit Kleister und belege ihn mit ausgestanzten Sternen aus Seiden- und Transparentpapier.

2 Falte eine Serviette auf, lege sie auf den Teller und drücke sie mit den Händen etwas an. Dann pinselst du wieder etwas Kleister auf. Dabei die Falten in der Serviette glatt streichen.

3 Klebe auf dieselbe Weise die restlichen Servietten auf. Dann noch einmal alles einkleistern, die oberste Schicht mit den Fingern schön glatt streichen und über Nacht trocknen lassen.

4 Schneide das überstehende Papier am Tellerrand ab, nimm die Schale vom Teller ab und entferne zum Schluss noch die Frischhaltefolie.

Zuckertannen

1 Gib etwas grüne Lebensmittelfarbe in den Zuckerguss und rühre die Farbe mit dem Löffel gut ein.

2 Streiche die Eistüte mit dem Zuckerguss ein, bis sie komplett bedeckt ist. Verwende dafür den Löffel oder deine Finger.

3 Stelle die Eistüte mit der Öffnung nach unten auf ein Stück Backpapier und verziere sie mit dem Zuckerdekor. Das Bäumchen gut trocknen lassen, bis der Guss fest geworden ist.

4 Wenn du ein kleineres Bäumchen machen möchtest oder deine Eistüte einen schrägen Rand hat, bitte einen Erwachsenen, diesen mit einem Küchenmesser gerade abzuschneiden.

DU BRAUCHST:

* Zuckerguss (siehe Seite 71)
* Lebensmittelfarbe in Grün
* Teelöffel
* Eistüten
* Backpapier
* Zuckerdekor
* Küchenmesser mit Wellenschliff

Festtags-Schokolade

DU BRAUCHST:

* 600 g weiße Kuvertüre
* kleiner und großer Kochtopf
* Teigschaber
* Backblech mit Backpapier
* fettlösliche Lebensmittelfarbe in Pink
* Zuckerdekor und Liebesperlen

1. Lass die Kuvertüre wie in der Grundanleitung auf Seite 71 beschrieben langsam im Wasserbad schmelzen.

2. Verteile etwa zwei Drittel der Kuvertüre mit dem Teigschaber auf einem mit Backpapier ausgelegten Backblech.

3. Rühre in die restliche flüssige Kuvertüre etwas Lebensmittelfarbe ein und verteile die Schokolade anschließend mit dem Teigschaber auf der weißen, ebenfalls noch flüssigen Kuvertüre.

4. Bestreue die Schokolade mit Zuckerdekor und Liebesperlen und lasse sie an einem kühlen Ort fest werden.

Glücks-schweinchen

DU BRAUCHST:

* Walnuss
* Bastelfarbe in Gold
* Pinsel
* Holzknopf mit zwei Löchern, ca. ø 1,5 cm
* Alleskleber
* Pfeifenputzer in Gold
* Filzstift in Schwarz
* 4 Halbperlen in Gold, ø 1,2 cm

1 Male die Walnuss goldfarben an und lass sie gut trocknen.

2 Klebe den Knopf am runden Ende der Walnuss als Rüssel auf und male ihn ebenfalls goldfarben an.

3 Biege ein ca. 5 cm langes Pfeifenputzerstück zu zwei kleinen Ohren und klebe sie oben auf die Nuss. Dann malst du die Augen auf.

4 Lege die vier Halbperlen zu einem Viereck, gib etwas Kleber auf jede Perle und setze das Walnussschwein darauf. Lass den Kleber sehr gut trocknen und das Schwein an Ort und Stelle stehen, bevor du es bewegst.

1 Öffne als Erstes die Walnuss mit einem Schraubenzieher. Schiebe dazu das Werkzeug am dicken Nussende vorsichtig in die Schale und drücke die Hälften auseinander.

2 Entferne die Nuss und male die Schalenhälften rot an. Nach dem Trocknen malst du noch weiße Punkte auf.

3 Jetzt malst du die Äste weiß an und lässt sie trocknen. Dann drückst du die Knete in die Nussschalen und die Äste hinein.

4 Fülle den Tontopf etwa zwei fingerbreit mit Knete und stecke die Pilze hinein. Den Rest füllst du mit Papierschnipseln auf und deckst oben alles schön mit etwas Moos ab.

Glückspilze

DU BRAUCHST:

* Walnuss
* Schraubenzieher
* Bastelfarbe in Rot und Weiß
* Pinsel
* 2 kleine Äste, ca. ø 1,5 cm, 10 cm lang
* Wachsknete
* Tontopf, ø 7 cm
* Zeitungspapier
* Moos

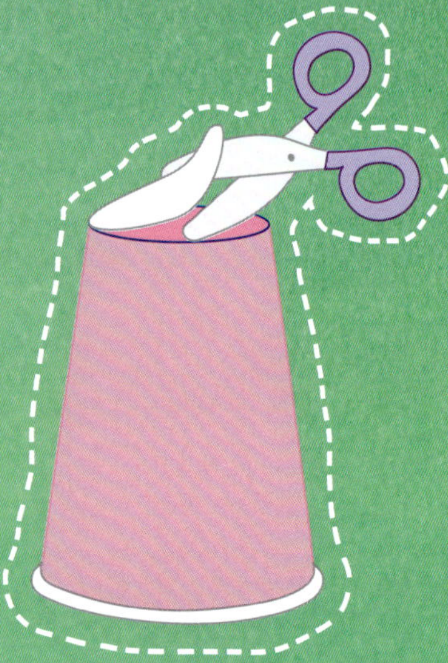

1 Schneide mit der Schere ein großes Loch in den Boden des Pappbechers.

2 Mache einen Knoten in den Luftballon und schneide oben das Käppchen gerade ab.

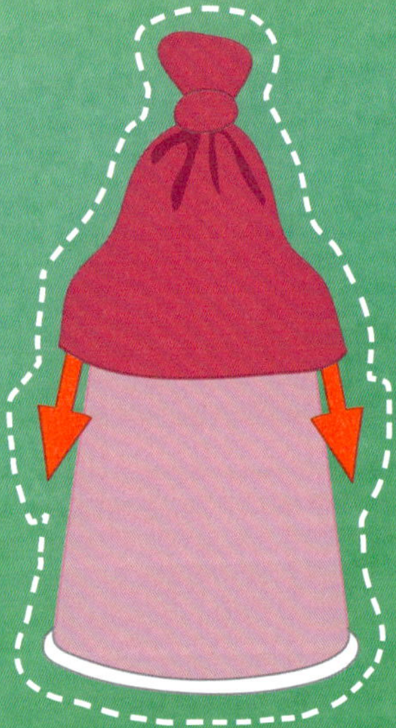

3 Ziehe den aufgeschnittenen Luftballon mit den Fingern auseinander und stülpe ihn über die Unterseite des Bechers.

4 Umklebe den Rand des Ballons mit einem Streifen Masking Tape, damit die Konfetti-Kanone schöner aussieht.

Konfetti-Kanone

DU BRAUCHST:

* Pappbecher in Rosa gepunktet
* Schere
* Luftballon in Pink
* Masking Tape in Gold glitzernd
* Konfetti

Und so geht's:
Fülle etwas Konfetti in den Becher, ziehe unten am Knoten, lass den Ballon zurückschnappen und staune, wie die Konfetti fliegen.

Basteln mit Kindern

Basteln tut gut. Es fördert die Kreativität, die Fingerfertigkeit, die Ausdauer und die Konzentrationsfähigkeit, die Hand-Augen-Koordination und das räumliche Vorstellungsvermögen. Und das alles ganz nebenbei, während gemalt, geschnitten, geklebt oder modelliert wird. Bei all diesen Tätigkeiten erforschen Kinder ihre Fähigkeiten und lernen dazu. Das Schönste ist aber, wenn ein Kind sein Werk präsentiert und stolz sagt: „Das hab ich gemacht!“ In diesem Moment wird sichtbar, dass Basteln nicht nur vielfältig fördert, sondern vor allem auch glücklich macht.

Basteln macht Spaß. Darauf kommt es mir ganz besonders an. Wenn ich zusammen mit meinen Kindern bastle, halte ich mir diesen Satz immer wieder vor Augen. Denn allzu schnell verfalle ich in meinen erwachsenen Perfektionsdrang und meine, dass alles so gemacht werden muss, wie ich es mir vorstelle. Denkste. Kinder haben ihre eigenen Ideen. Und sie entwickeln mit ihrem natürlichen Forschergeist durch Versuch und Irrtum eigene Lösungswege. Und das ist auch gut so. Nur für mich ist das oft ein Problem. Manchmal fehlt mir einfach die Geduld, mit meinen Kindern auf Forschungsexpedition

Basteln mit Kindern – ein paar Leitgedanken

* Basteln macht Spaß
* den Forscherdrang der Kinder unterstützen
* die eigene Erwartungshaltung hinterfragen
* Raum für Kreativität und eigene Ideen geben
* geeignete Bastelarbeiten auswählen
* nicht überfordern
* zum Selbermachen ermutigen
* Anregungen und Hilfestellungen geben
* Misserfolge locker nehmen: Der Weg ist das Ziel!

zu gehen, während ich doch längst weiß, wie es richtig gemacht wird, wie wir ohne Umwege das Ziel erreichen. Aber beim Basteln mit Kindern geht es nicht um mich. Das Ergebnis muss nicht in meinen Augen spektakulär sein, sondern in denen der Kinder.

Erwartungsdruck hemmt Kinder und schränkt ihren Entfaltungsspielraum ein. Jedes Kind hat unterschiedliche Fähigkeiten - abhängig von seinem Alter und seiner individuellen Veranlagung. Das ist nicht weiter schlimm, denn durch das spielerische Lernen beim Basteln werden die Fähigkeiten ja weiter gefördert und verfeinert. Allerdings berücksichtige ich dies bei der Wahl der Bastelarbeit. Ein Kind, das überfordert wird, verliert schnell den Spaß am Basteln. Darum versuche ich, das Ziel so zu setzen, dass es auch erreicht werden kann. Und ich passe meine Erwartungen an, je nachdem, ob ich gerade mit meinem fünfjährigen oder meinem zweijährigen Sohn bastle.

Ich ermutige meine Kinder, alles alleine zu machen, wozu sie schon in der Lage sind. Und natürlich unterstütze ich sie, wo noch Hilfe notwendig ist. Oft bastle ich auch mit, wobei ich ein Vorbild sein möchte und kein erwachsener Schlaumeier, der alles besser weiß und besser kann. Damit habe ich bereits meine Erfahrungen gemacht (siehe Kasten). Oft bin ich einfach nur da, um Anregungen zu geben - und um zu staunen, auf welche Ideen und Lösungen meine Kinder kommen. Oder eben auch nicht: Manchmal regiert der Frust am Basteltisch! Doch auch das ist nicht weiter schlimm. Misserfolge gehören dazu.

Wichtig ist nur, dass man sich davon nicht entmutigen lässt. Vielleicht hilft ja eine Auszeit? Basteln ist durchaus anstrengend. Wenn ein Kind keine Lust mehr hat, lege ich eine Bastelpause ein. Das machen wir beim Wandern ja auch. Und wie wäre es mit einer kleinen Stärkung zwischendurch? Wenn genug für heute gebastelt ist, machen wir einfach an einem anderen Tag weiter. Und wenn das Bastelwerk seinem Urheber ganz und gar nicht gefallen mag, versuche ich trotzdem etwas Gutes daran zu finden. Und dann lassen wir es ganz schnell verschwinden!

Ich mag nicht mehr ...

Es war Weihnachtszeit und mein Großer und ich haben das erste Mal gemeinsam Plätzchen gebacken. Da war er knapp zweieinhalb und ich habe mich riesig auf diesen Moment gefreut. Doch plötzlich stand mein Sohn auf, sagte: „Ich mag nicht mehr" und ging davon. Was war passiert? Ich hatte ihm die ganze Zeit Anweisungen diktiert und ihn belehrt: „Nicht zu dünn ausrollen!", „Lass mich das machen!", „Setz die Ausstechformen doch enger zusammen!". Mir wurde klar, dass Kinder viele Dinge einfach anders machen als wir Erwachsenen, und dass es falsch ist, unsere eigenen Ansprüche auf sie zu übertragen. Kinderplätzchen sehen eben anders aus. Lecker sind sie trotzdem!

Gute Vorbereitung ist alles

Beim Basteln kann schnell mal ein Malheur mit Farbe und Klebstoff passieren. Damit das gemeinsame Basteln entspannt abläuft, können ein paar Vorkehrungen getroffen werden:

Zum Schutz der Kleidung ist es empfehlenswert, eine Bastelschürze oder alte Kleidung anzuziehen. Den Tisch und den Boden am besten mit Wachstischtuch, Folie oder Zeitung abdecken, damit nichts beschmiert wird. Zudem sollten empfindliche Gegenstände aus dem Bastelbereich entfernt werden.

Damit die Kinder nicht mit feuchter Farbe oder Klebstoff an den Händen durch die Wohnung laufen, lege ich vor dem Basteln alle Hilfsmittel und Werkzeuge, die wir für unser Bastelprojekt brauchen, bereit. So muss keiner zwischendurch aufstehen und die Bastelschere aus der Schublade holen. Und wenn doch, dann gibt es am Basteltisch immer ein feuchtes Tuch, mit dem die Hände abgewischt werden können.

Hilfreich ist auch ein griffbereites altes Tuch, mit dem Überschwemmungen auf dem Basteltisch blitzschnell trockengelegt werden können. Und an ganz wilden Basteltagen gibt es sogar eine Fußkontrolle: Jeder, der den geschützten Bastelbereich verlassen will, muss dann erst seine Fußsohlen vorzeigen. Nicht selten verstecken sich dort nämlich wahre Farbmonster, die nur darauf warten, ihre Spuren in der ganzen Wohnung hinterlassen zu können.

Doch irgendwann ist auch die schönste Bastelzeit zu Ende. Dann heißt es im Gänsemarsch ab ins Bad und raus aus den schmutzigen Kleidern. Die Klamotten kommen in die Wäsche, die Kinder – je nach Bedarf – ans Waschbecken oder in die Wanne. Ich lege am Waschbecken immer dunkle Handtücher bereit, die weniger empfindlich sind, und ein Handtuch kommt auf den Boden, um die hellen Fliesenfugen vor herabtropfendem Farbwasser zu schützen. So hat unsere Bastelzeit garantiert ein Happy End.

Experten-Tipps

Klebstoffflecken entfernen
Klebstoff auf der Kleidung bleibt beim Basteln mit Kindern nicht aus. Wenn es darum geht, die Flecken wieder rauszubekommen, haben lösungsmittelfreie Klebstoffe die Nase vorn. Sie lassen sich einfach auswaschen. Bei herkömmlichen Alleskleber hilft hingegen nur der Griff zum Spezial-Fleckentferner. Noch frische Flecken lassen sich je nach Klebstoff außerdem mit Alkohol (Spiritus) entfernen. Trockenem Klebstoff kann man auch mit Aceton, Nitroverdünner oder Ethylacetat auf den Leib rücken. Davor unbedingt immer eine Farbprobe an einer verdeckten Stelle machen!

Farbflecken entfernen
Ich achte darauf, dass ich nur Filzstifte und flüssige Farben verwende, die wasserlöslich sind. Diese Farben lassen sich aus der Kleidung auswaschen und gehen auch von der Haut wieder rückstandslos ab. Trotzdem: Die Flecken immer kurz von Hand auswaschen, solange die Farbe noch feucht ist. Bei starker Verschmutzung die Kleidung außerdem vor dem Waschen z. B. mit Gallseife vorbehandeln. Bei wasserfesten Farben, z. B. Gelstiften, achte ich darauf, dass die Kinder sie nicht unbeaufsichtigt in die Hände bekommen.

Nützliche Helfer
Wäscheklammern leisten beim Zusammenkleben von Papier und Pappe gute Dienste. Mit ihnen lässt sich die Klebestelle fixieren, bis der Klebstoff getrocknet ist, und die Hände sind währenddessen frei für neue Taten.

Löcher stopfen
Ein kurzes Schnipp-Schnapp und schon ist das Loch im Pulli drin. Die ganz kleinen Bastler müssen den richtigen Umgang mit der Schere meist noch lernen. Und bis dahin wird fleißig experimentiert - mit allen Nebenwirkungen. Doch keine Panik! Nicht jedes Loch ruiniert gleich das ganze Kleidungsstück. Oft lassen sich die Löcher unter einer dekorativen Stoff-Applikation wie z. B. einem Herz, einem Stern oder einem Schmetterling verstecken.

Grundausstattung

Für das Basteln mit Kindern braucht es nicht viel: Schere, Klebstoff, Bleistift und Radiergummi, fertig ist die Grundausstattung. Die Schere sollte kindgerecht sein und abgerundete Spitzen haben. Beim Kleben ist bei Kindern meist Klotzen statt Kleckern angesagt. Daher empfehle ich herkömmlichen Alleskleber in der Flasche oder in der tropffreien Plastiktube. Herkömmlicher Alleskleber wellt das Papier nicht und wird schnell fest. Das garantiert auch bei dick aufgetragenem Klebstoff schöne Ergebnisse und keine Unterbrechungen durch lange Wartezeiten. Er hat jedoch den Nachteil, dass er nicht auswaschbar ist und Lösungsmittel enthält. Wem diese Punkte wichtig sind, der sollte entsprechende Klebstoffe ohne Lösungsmittel verwenden.

Bastelbasics

Vorlagen übertragen

Es gibt viele Möglichkeiten, Vorlagenzeichnungen auf Papier oder andere Materialien zu übertragen. Für kleine Kinder finde ich die Schablonenmethode jedoch am besten. Und so geht's:

1 Eine Fotokopie der Vorlagenzeichnung machen, grob ausschneiden und auf dünne Pappe aufkleben.

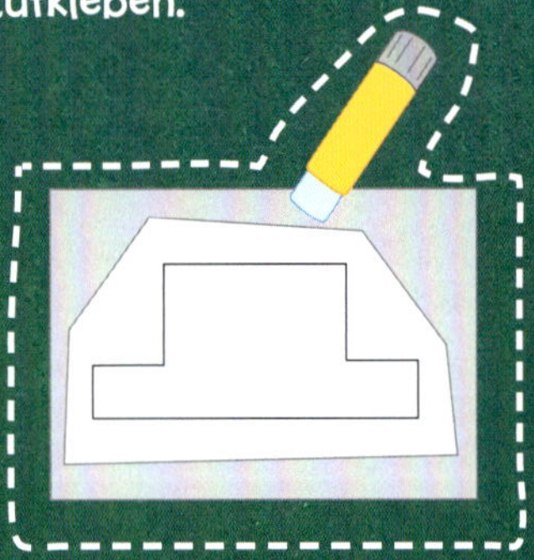

2 Schneide die Vorlagenzeichnung sauber und exakt aus. Fertig ist die Schablone.

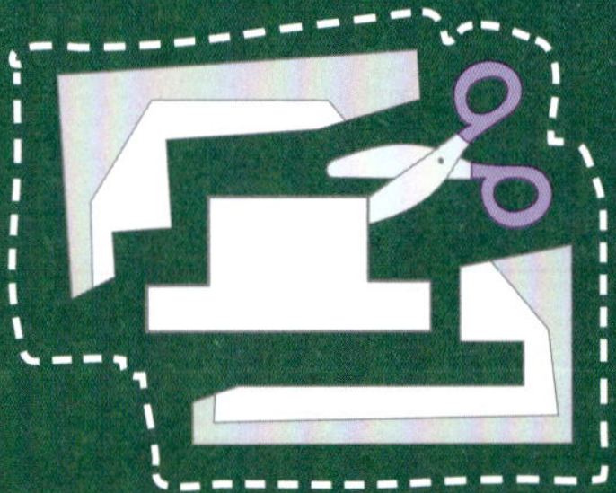

3 Lege die Schablone auf das gewünschte Material, halte sie mit einer Hand fest und umfahre sie mit der anderen Hand mit dem Bleistift.

4 Nimm die Schablone ab, schneide das Motiv aus und male es an oder verarbeite es wie in der Anleitung beschrieben weiter.

Basteln mit Papier, Pappe und Co.

Das Papieruniversum ist unermesslich. Es gibt Papier in allen Farben, mit allen möglichen Mustern und in unterschiedlichen Stärken (Grammatur). Festes Schreibpapier mit einer Grammatur von 100 g/qm, Tonpapier mit einer Grammatur von 130 g/qm und Tonkarton mit einer Grammatur von 220 g/qm sind am besten geeignet für das Basteln mit Kindern. Diese Papiere lassen sich gut reißen, schneiden, falten und stanzen und sind vielseitig verwendbar.

Mit Seidenpapier lassen sich besonders schöne Werke in der Knülltechnik schaffen. Es ist sehr weich und lässt sich ohne Anstrengung in den Händen zu kleinen Kügelchen formen.

Für Faltarbeiten ist Origamipapier empfehlenswert. Es hat den großen Vorteil, dass es in vielen schönen Farben und bereits quadratisch zugeschnitten angeboten wird.

TIPP: Auch Klorollen, Pappteller, Pappbecher, Muffinförmchen und Tortenspitze sind ein wunderbares Ausgangsmaterial, aus denen einzigartige Bastelwerke entstehen können. Es lohnt sich, hier immer einen kleinen Vorrat zu Hause zu haben.

Papier schneiden

Der Umgang mit der Schere will geübt sein. Das Schneiden haben die Kleinen meist schnell raus, aber bis zum perfekten Schnitt dauert es noch seine Zeit. Bis dahin darf man einfach keine Wunder erwarten. Meist gelingen kurze gerade Schnitte am Anfang leichter. Das kann bei der Modellwahl gut berücksichtigt werden. Rundungen, Kurven und Kreise sind für Kinder besonders knifflig. Für kleine Kreise empfehle ich daher Kreisstanzer. Das Stanzen macht den kleinen Bastlern nicht nur großen Spaß, sie erhalten auch perfekte Ergebnisse. Bei großen Kreisen kommt man dagegen nicht um das Schneiden mit der Schere herum. Nicht wundern, wenn der Kreis anfangs noch wie ein Vieleck aussieht!

TIPP: Zum Anzeichnen der Kreislinie verwendet man am besten runde Gegenstände wie Pappdosen, Gläser, Tassen oder Schüsseln. Pappteller, Tortenunterlagen aus Pappe, runde Faltpapiere oder Bierdeckel sind oftmals auch eine gute Idee, wenn man mit runden Formen basteln möchte.

Prickeln und Prägen

Alubastelfolie und Aluprägefolie lassen sich mit Lochmustern und Prägungen wunderschön verzieren. Lege die Folie beim Prickeln bzw. Prägen unbedingt auf eine weiche Unterlage, zum Beispiel auf eine dicke Filzplatte oder auf Styropor®.

1 Zeichne die gewünschte Form mit einem Bleistift auf der Alubastelfolie an.

2 Lege die Folie auf deine Unterlage und stich mit der Prickelnadel oder einer dicken Sticknadel kleine Löcher entlang der Linie ein. Je gleichmäßiger der Abstand zwischen den Einstichen ist, desto schöner wird das Ergebnis.

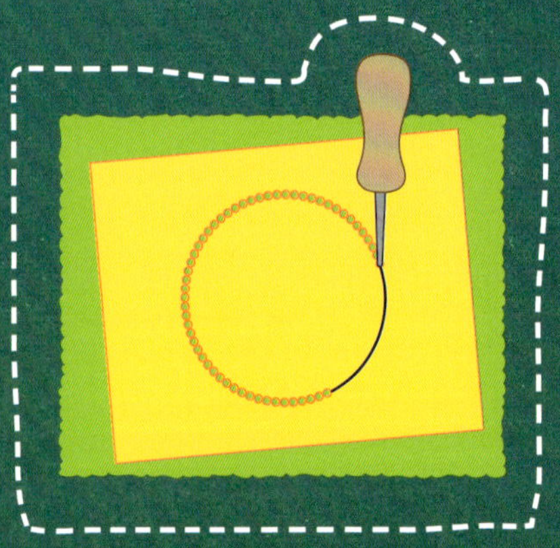

3 Beim Prägen fährst du die Linien einfach mit einer Sticknadel mit etwas Druck nach.

Basteln mit Farbe

Wer kleinen Kindern beim Experimentieren mit Farbe zuschaut, erlebt, was für ein sinnliches Vergnügen sie dabei haben. Damit das Basteln mit Farbe nicht in einem bunten Chaos endet, gibt es ein paar einfache Tricks. Stellen Sie Ihrem Kind die Farbe am besten in kleinen Schälchen bereit. Dafür eignet sich zum Beispiel ein altes Muffinblech. Damit die Farbe in den Schälchen möglichst lange rein bleibt, bekommt jede Farbe einen eigenen Pinsel. Den kann man für die Allerkleinsten übrigens aus einem Wattebausch und einer Wäscheklammer super schnell und einfach selber machen!

Größere Kinder können die Bastelfarben selbst aus der Flasche auf einen Pappteller geben und dort nach Wunsch miteinander mischen. Vom Teller lässt sich die Farbe leicht aufnehmen. Darum eignet er sich auch als Farbspender für Drucktechniken.

TIPP: Bei Farbe verhält es sich bei Kindern ähnlich wie beim Klebstoff: Es wird gerne mal dick aufgetragen. Besonders preiswert ist Voll- und Abtönfarbe aus dem Baumarkt. Sie kann bei Bedarf mit Wasser verdünnt werden und ist außerdem geruchs- und schadstoffarm.

Stempelwerkstatt

1 Ein ganz einfacher Stempel entsteht, wenn du ein Stück Luftpolsterfolie mit doppelseitigem Klebeband auf einen großen Plastikdeckel oder einen Holzklotz klebst.

2 Für einen Rollstempel klebst du ein zurechtgeschnittenes Stück Wellpappe um eine Fusselrolle.

3 Für einen Motivstempel schneidest du eine Kartoffel an einer Seite gerade ab und drückst einen Keksausstecher hinein.

Anschließend schneidest du das Kartoffelfleisch rundum vorsichtig weg und entfernst den Ausstecher. Bitte einen Erwachsenen hierbei um Hilfe.

Das Motiv mit Farbe bemalen, umdrehen und einen Abdruck machen.

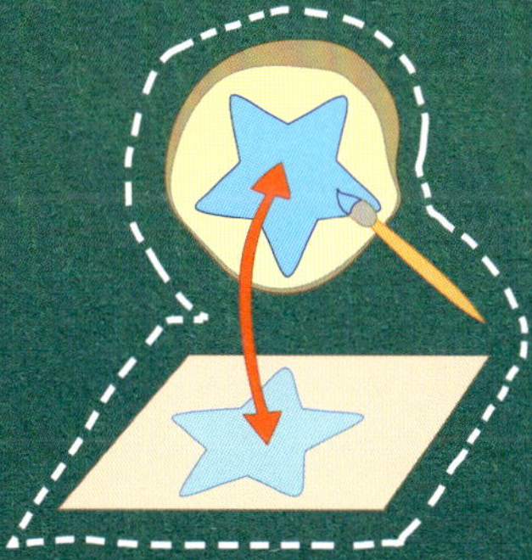

Arbeiten mit Stoffmalfarbe

Bevor du Stoff mit Stoffmalfarbe bemalst, sollte dieser einmal ohne Weichspüler gewaschen und getrocknet werden. Sonst hält sich die Farbe nicht gut. Nach dem Bemalen die Farbe immer gut trocknen lassen, am besten über Nacht, und die Farbe am nächsten Tag nach Herstellerangaben mit dem Bügeleisen fixieren. Lass dir dabei von einem Erwachsenen helfen.

TIPP: Noch frische Stoffmalfarbe kann mit Wasser und Seife etwas ausgewaschen werden, zum Beispiel, um Flecken zu entfernen.

Kreativ mit Beton

Beton ist ein künstlicher Stein, der aus Zement, Sand, feinem Kies und etwas Wasser hergestellt wird. Da dies etwas komplizierter ist, bietet es sich an, mit Kindern fertig gemischten Kreativbeton zu verwenden.

1 Das Betonpulver nach Herstellerangaben in einem geeigneten Kunststoffgefäß (zum Beispiel einem Eimer oder Gipsbecher) mit der benötigten Menge Wasser anrühren, bis eine gleichmäßige, geschmeidige Masse entstanden ist. Anschließend die Betonmasse in die mit Öl eingefettete Form geben. Achte darauf, dass keine Luftblasen entstehen.

2 Stelle die Form auf eine gerade Fläche und lass den Beton mindestens 2 Stunden aushärten. Danach den Beton aus der Form nehmen und vollständig trocknen lassen. Das kann, je nach Form und Größe, ein paar Tage dauern.

Hinweis: Achte beim Arbeiten mit Beton immer darauf, dass du keinen Zementstaub einatmest oder etwas in die Augen oder den Mund gelangt. Die Hände anschließend gut mit Seife waschen.

Salzteig

Du brauchst:
2 Teile Mehl
1 Teil Salz
1 Teil Wasser

1 Gib die Zutaten in eine Schüssel und verknete sie mit der Hand, bis ein geschmeidiger Teig entsteht. Sollte der Teig noch bröseln, gibst du ein ganz klein wenig Wasser dazu. Ist er zu klebrig, knetest du etwas Mehl ein.

2 Für einen bunten Salzteig knetest du etwas flüssige Lebensmittelfarbe unter. Gib einfach ein paar Tropfen auf den Teig und arbeite die Farbe gut ein, bis alles gleichmäßig durchgefärbt ist. Sollte der Salzteig durch die flüssige Farbe weich werden, einfach noch etwas Mehl zugeben.

3 Forme aus dem Teig wie beim Kneten dein Objekt und lass es ein bis zwei Tage an der Luft trocknen. Dann schiebst du den Salzteig bei 100 °C in den Backofen und lässt ihn aushärten. Auf dem Backblech auskühlen lassen.

Tipp: Salzteig lässt sich nach dem Trocknen wunderbar bemalen. Er muss also nicht unbedingt eingefärbt werden. In einer luftdichten Dose oder in einem Gefrierbeutel verpackt, kann Salzteig einige Tage im Kühlschrank aufbewahrt werden.

Zuckerguss

Du brauchst:
7 gehäufte Esslöffel Puderzucker
2 EL Wasser

Verrühre den Zucker und das Wasser mit einem Teelöffel in einer kleinen Schale, bis eine glatte, zähe, dickflüssige Masse entstanden ist. Wenn du möchtest, kannst du den Zuckerguss dann noch mit etwas flüssiger Lebensmittelfarbe einfärben.

TIPP: Anstelle von Zuckerguss eignet sich auch Kuvertüre ganz hervorragend zum Überziehen oder Kleben.

Arbeiten mit Kuvertüre

Kuvertüre schmilzt bereits ab 30 °C. Sie darf nicht heiß werden und es sollte auch kein Wasser hineinspritzen, da die Schokolade ansonsten stockt und krümelig wird.

1 Zum Schmelzen der Kuvertüre etwas Wasser bei niedriger Temperatur in einem Topf erwärmen. Hacke die Kuvertüre klein, gib die Hälfte in eine Schüssel und stelle diese in den Topf. Dann lässt du die Schokolade unter Rühren langsam schmelzen.

2 Nimm die flüssige Kuvertüre aus dem Wasserbad und rühre den Rest unter, bis auch dieser geschmolzen ist. Die Schokolade abkühlen lassen und anschließend erneut ganz langsam über dem heißen Wasserbad unter Rühren erwärmen (das nennt man temperieren). Sobald die Kuvertüre wieder schön flüssig ist, kannst du sie verarbeiten.

3 Wenn du die Kuvertüre einfärben möchtest, solltest du fettlösliche Lebensmittelfarbe verwenden. Sie wird meist als Pulver oder ölige Paste angeboten. Flüssige Lebensmittelfarbe eignet sich nicht, da die Schokolade stockt und krümelig wird und sich nicht mehr weiter verarbeiten lässt. Anstatt die Kuvertüre einzufärben, kannst du aber auch Schmelzdrops verwenden, die es in vielen Farben zu kaufen gibt. Sie lassen sich wie Kuvertüre verarbeiten und schmecken ähnlich, sind aber streng genommen keine Schokolade, da sie statt Kakaobutter andere pflanzliche Öle enthalten.

TIPP: Wer möchte, kann die Kuvertüre auch in der Mikrowelle schmelzen. Die klein gehackte Kuvertüre oder Schmelzdrops einfach in eine mikrowellenfeste Schüssel geben und bei 600 Watt etwa eine Minute erhitzen. Die Schokolade etwa eine Minute stehen lassen, damit sich die Wärme verteilt, und noch einmal für eine Minute in die Mikrowelle geben. Den Vorgang so oft wiederholen, bis alles geschmolzen ist.

VORLAGEN

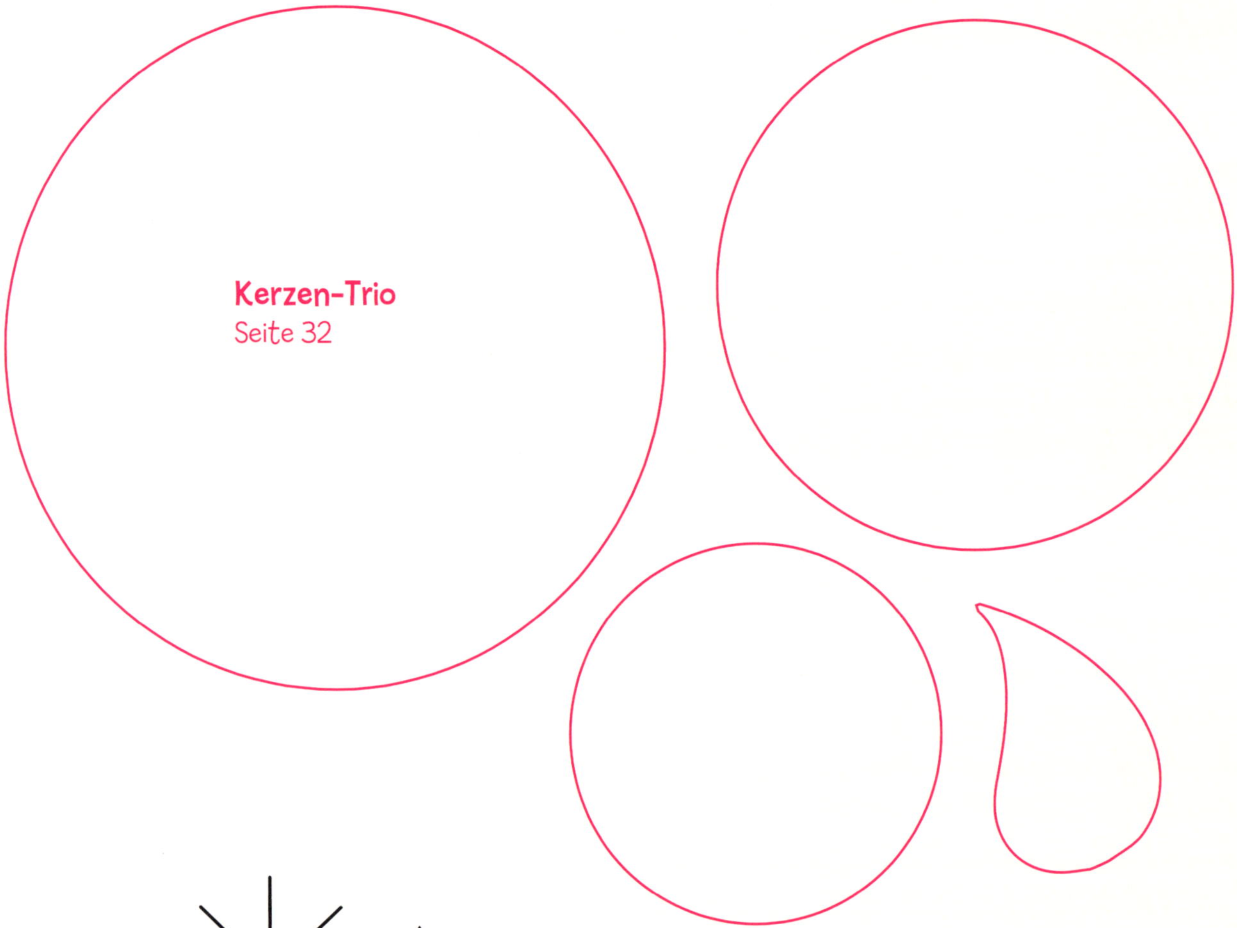

Kerzen-Trio
Seite 32

Prickel-Windlicht
Seite 45

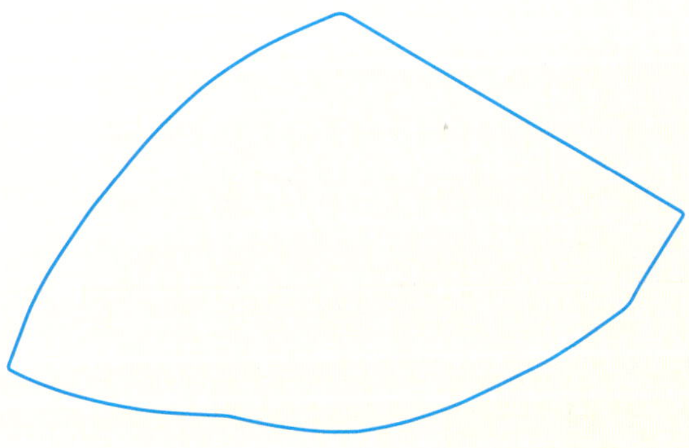

Pappteller-Hirsch
Seite 16

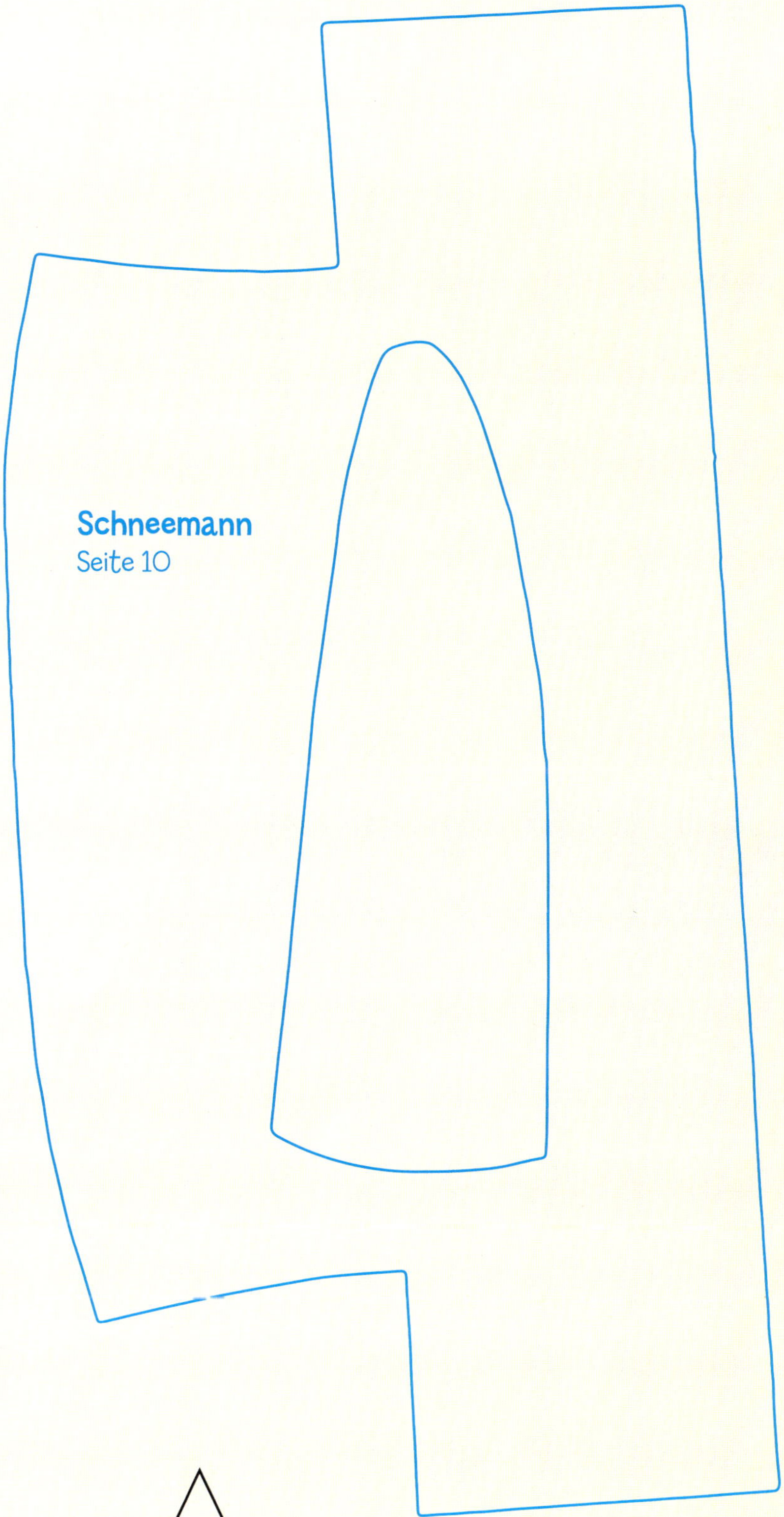

Schneemann
Seite 10

Weihnachtskerzen
Seite 40

Zapfen-Rudi
Seite 20

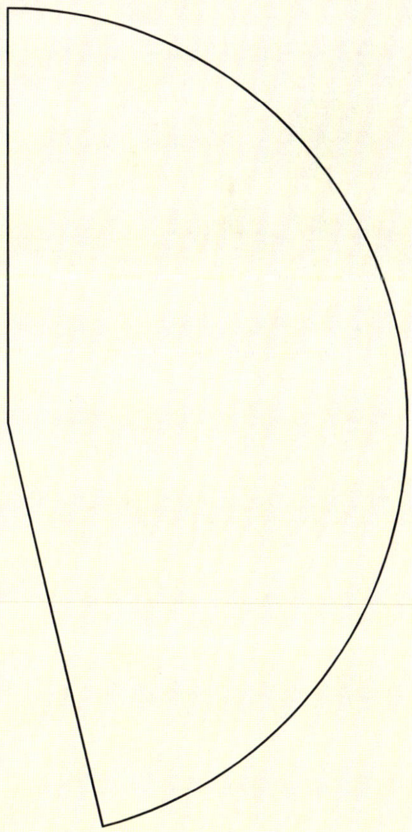

Weihnachtskrippe
Seite 22

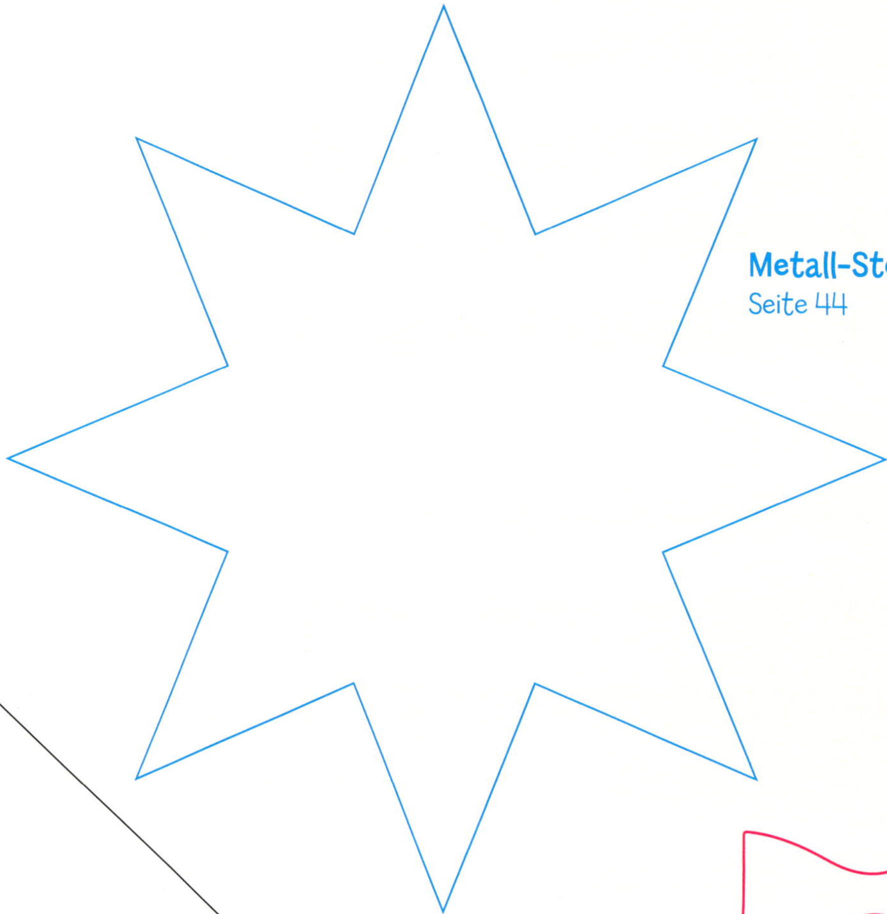

Metall-Sterne
Seite 44

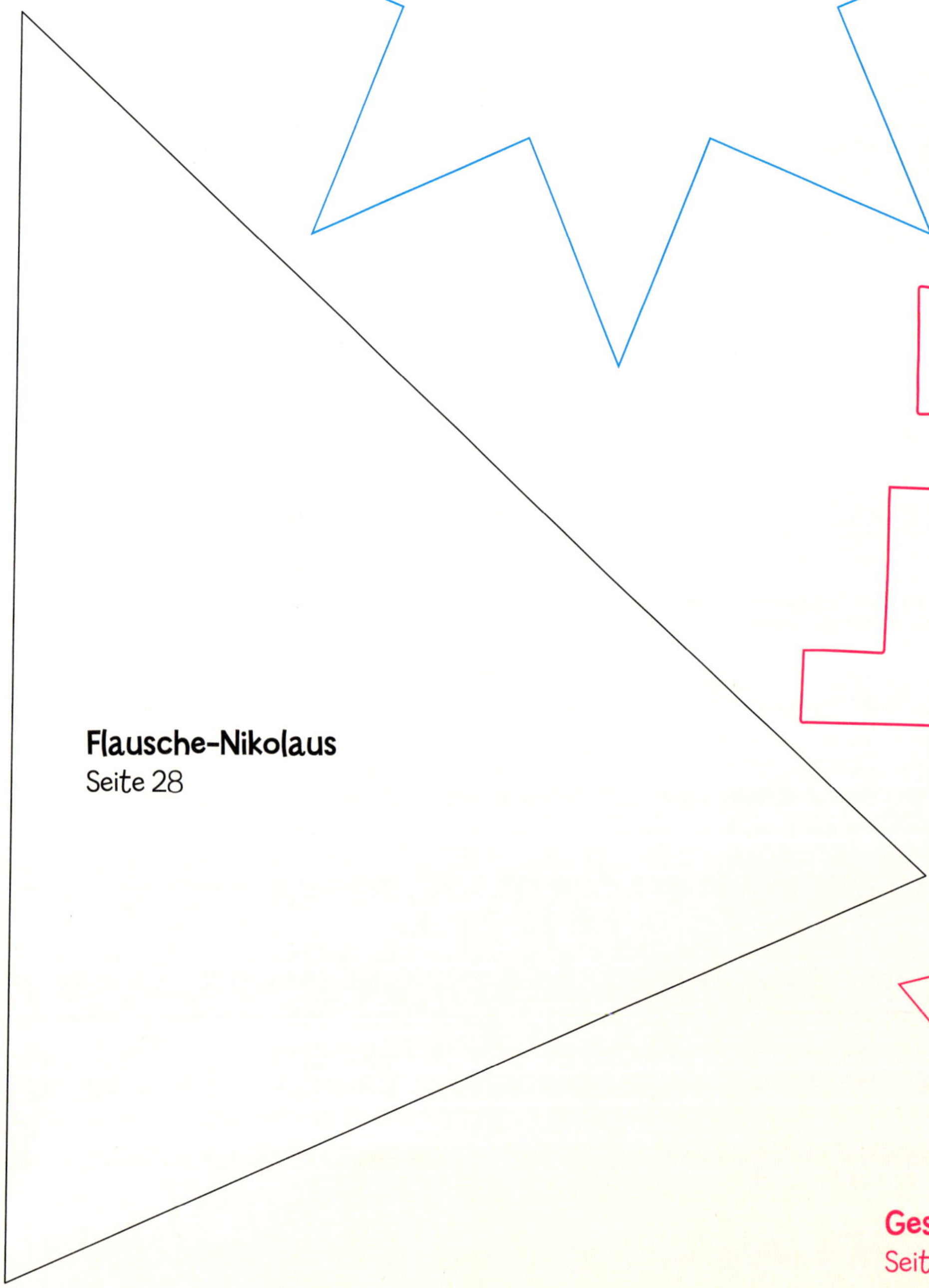

Flausche-Nikolaus
Seite 28

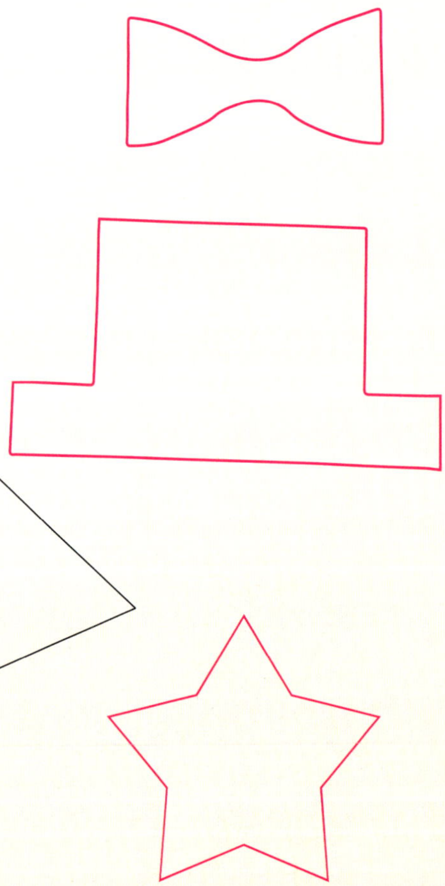

Geschenkanhänger
Seite 50

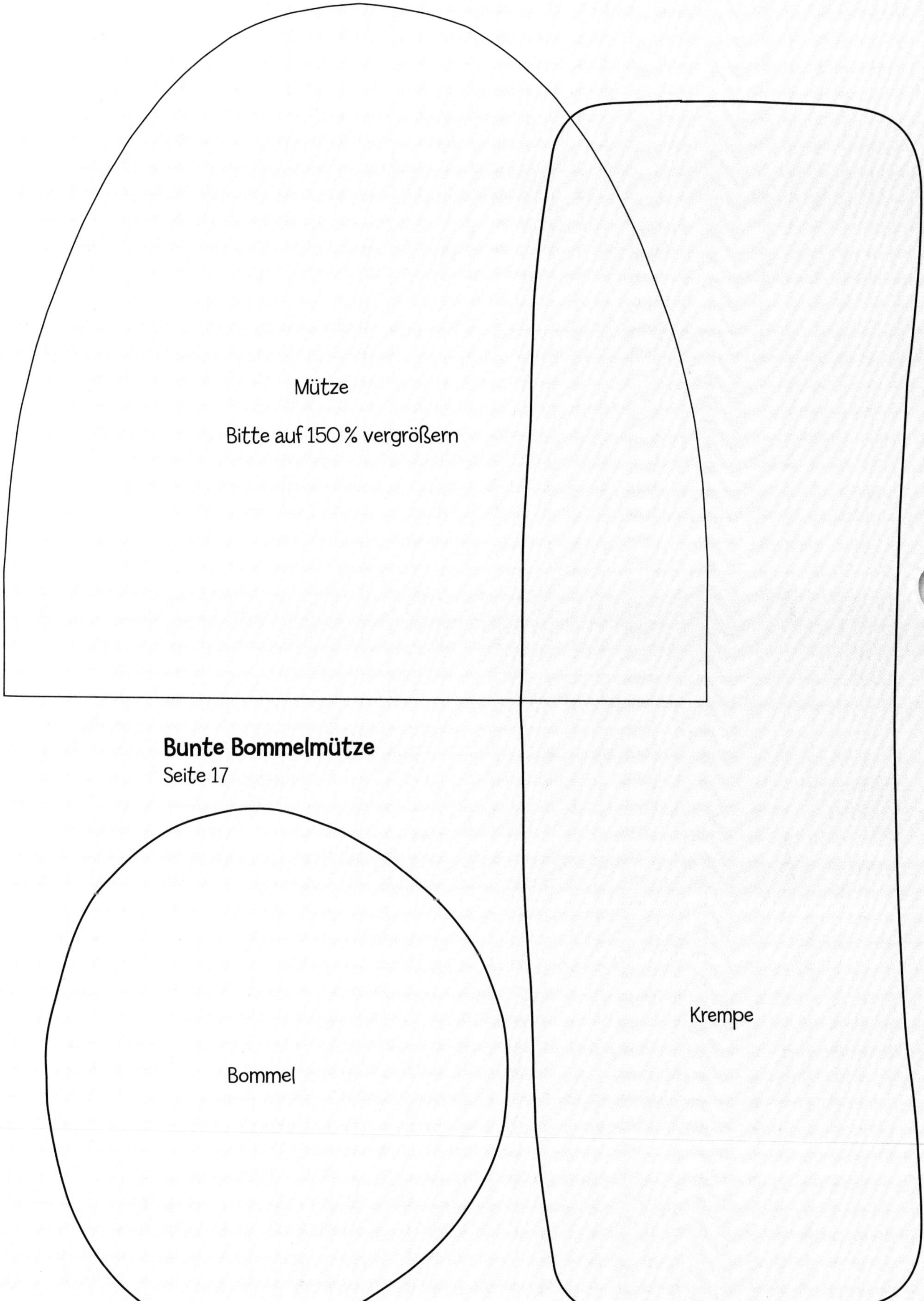

Bunte Bommelmütze
Seite 17

Vogelhäuschen
Seite 13

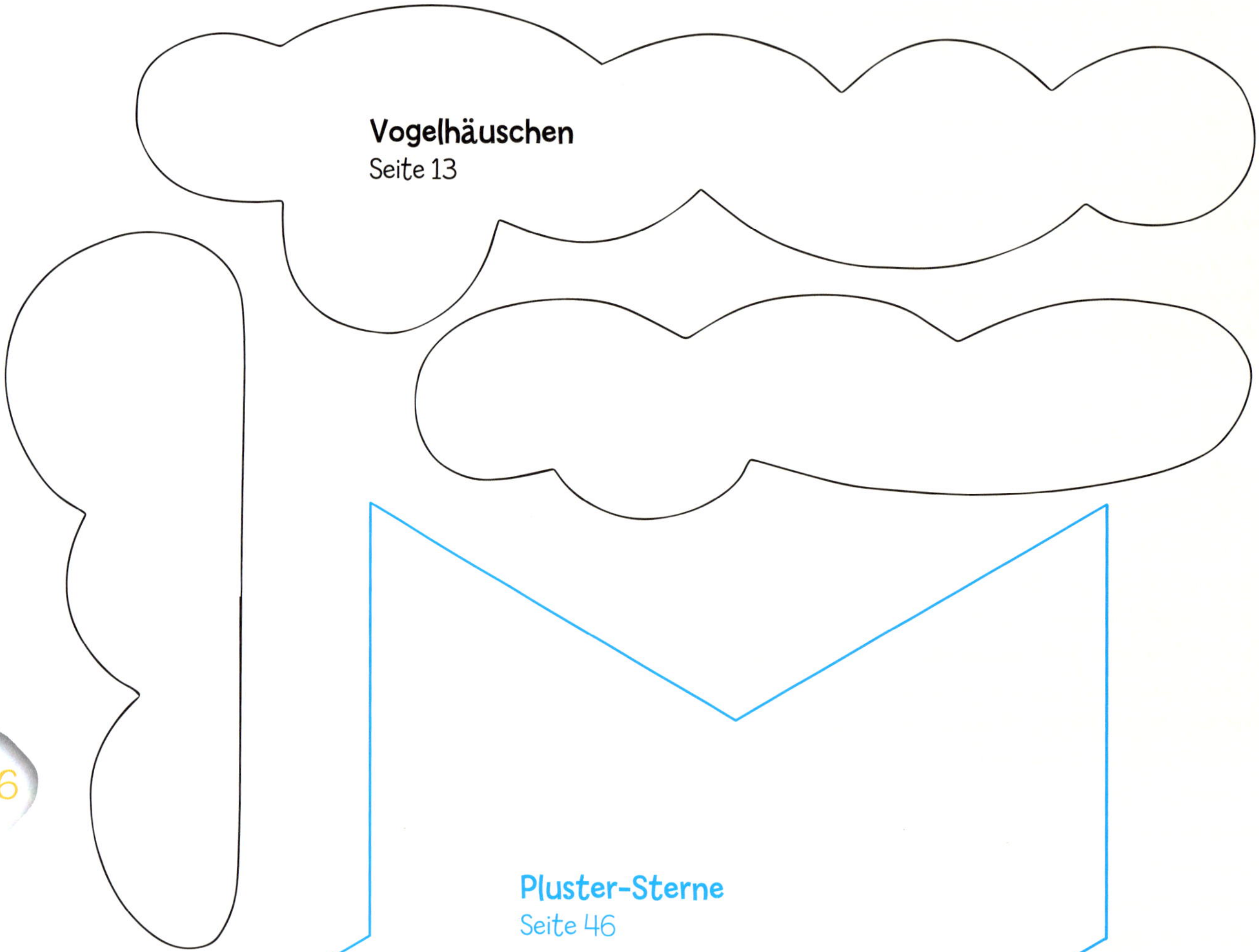

Pluster-Sterne
Seite 46

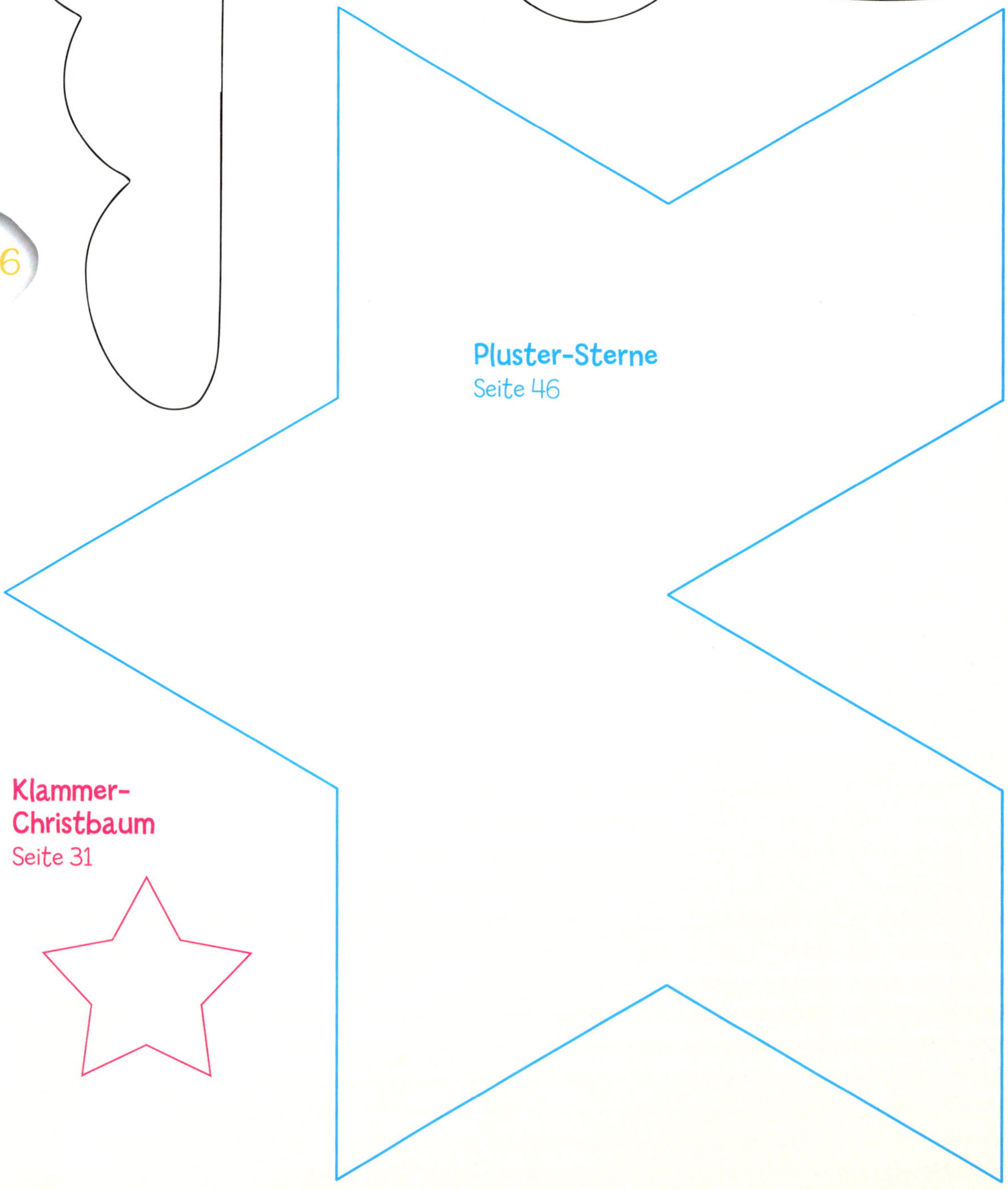

Klammer-Christbaum
Seite 31

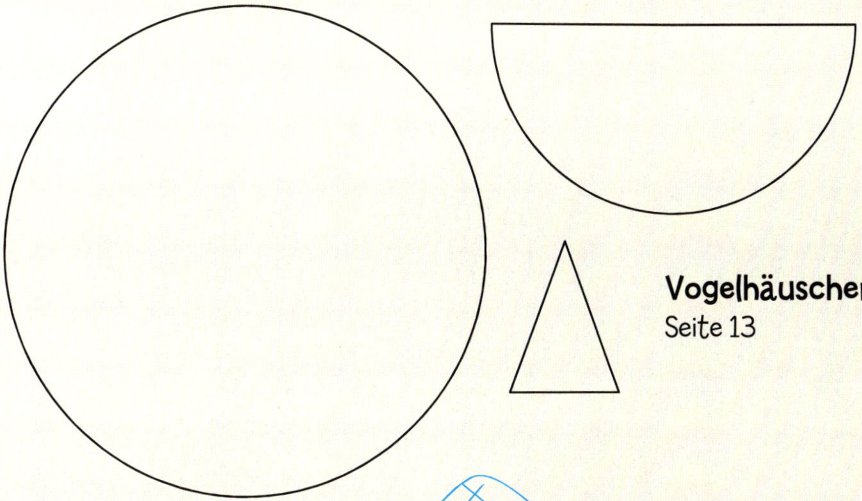

Vogelhäuschen
Seite 13

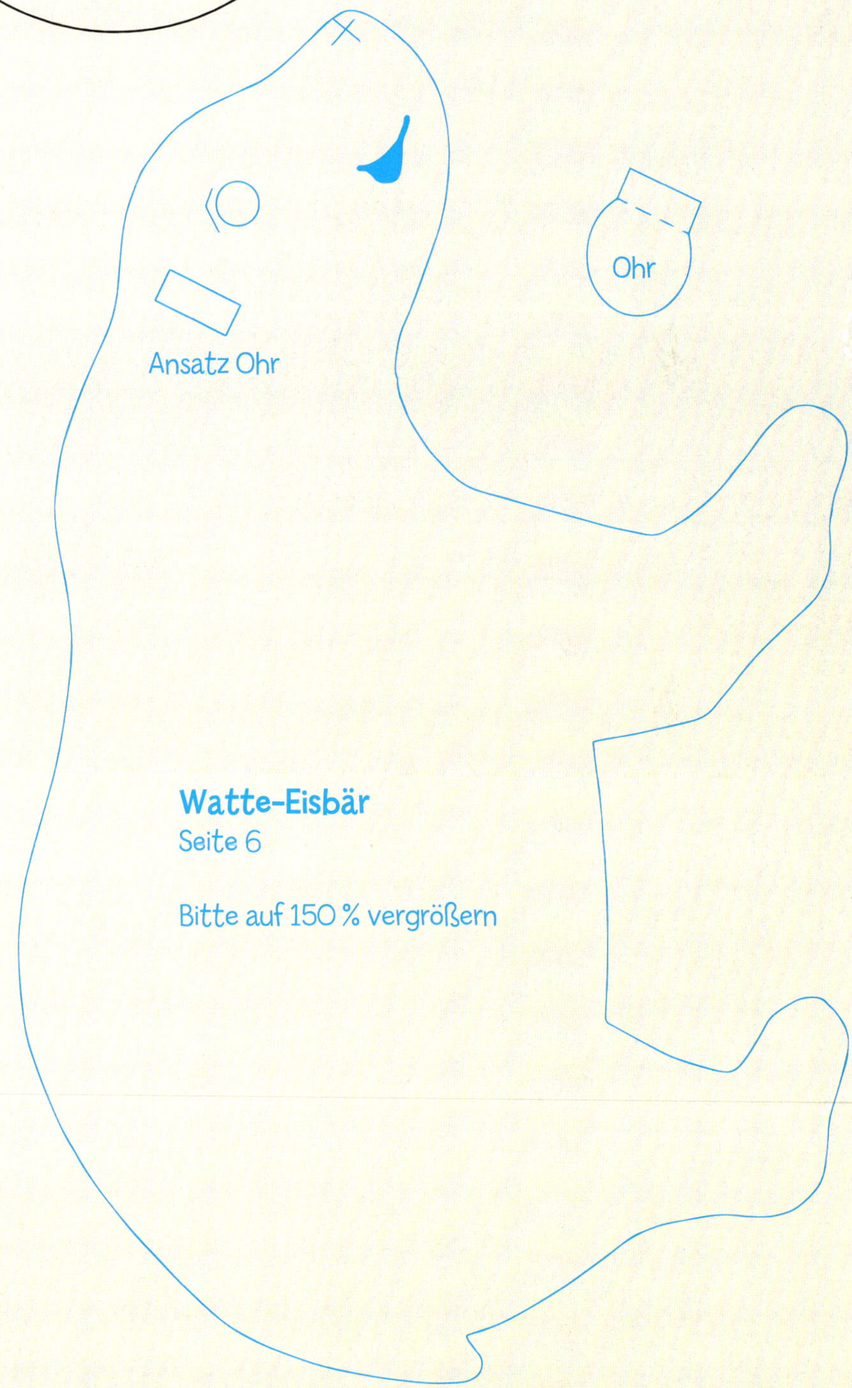

Watte-Eisbär
Seite 6

Bitte auf 150 % vergrößern

Wellpappe-Baumschmuck
Seite 30

Bitte auf 300 % vergrößern

Buchtipps für dich

ISBN 978-3-7724-7671-6

ISBN 978-3-7724-7832-1

ISBN 978-3-7724-8422-3

ISBN 978-3-7724-7829-1

ISBN 978-3-7724-8473-5

ISBN 978-3-7724-7881-9

ISBN 978-3-7724-7810-9

ISBN 978-3-7724-7833-8

ISBN 978-3-7724-7842-0

ISBN 978-3-7724-7843-7

ISBN 978-3-7724-7844-4

ISBN 978-3-7724-8477-3

Weitere Ideen zum Selbermachen gesucht?

Lieblingsstücke von einfach bis einfach genial finden Sie bei TOPP! Lassen Sie sich auf unserer Verlagswebsite, per Newsletter oder in den sozialen Netzwerken von unserer Vielfalt inspirieren!

Website

Verlockend: Welcher Kreativratgeber soll es für Sie sein? Schauen Sie doch auf **www.TOPP-kreativ.de** vorbei & stöbern Sie durch die neusten Hits der Saison!

TOPP-Autoren

Sie wollen wissen, wer die „Macher" unserer Bücher sind? Wer Ihnen nützliche Tipps & Tricks gibt? Auf **www.TOPP-kreativ.de/Autor** warten jede Menge spannender Infos zum jeweiligen Autor auf Sie. Finden Sie heraus, welches Gesicht hinter Ihrem Lieblingsbuch steckt!

Facebook

Werden Sie Teil unserer Community & erhalten Sie brandaktuelle Informationen rund ums Handarbeiten auf **www.Facebook.com/Mitstrickzentrale**

Wer sich für Basteln, Bauen, Verzieren & Dekorieren interessiert, ist auf **www.Facebook.com/Bastelzentrale** genau richtig!

Pinterest

Sie sind auf der Jagd nach den neusten Trends? Sie suchen die besten Kniffe? Die schönsten DIY-Ideen? All' das & noch vieles mehr gibt es von TOPP auf **www.Pinterest.com/Frechverlag**

Newsletter

Bunt, fröhlich & überraschend: Das ist der TOPP-Newsletter! Melden Sie sich unter: **www.TOPP-kreativ.de/Newsletter** an & wir halten Sie regelmäßig mit Tipps & Inspirationen über Ihr Lieblingshobby auf dem Laufenden!

Extras zum Download in der Digitalen Bibliothek

Viele unserer Bücher enthalten digitale Extras: Tutorial-Videos, Vorlagen zum Downloaden, Printables & vieles mehr. Dieses Buch auch? Dann schauen Sie im Impressum des Buches nach. Sofern ein Freischaltcode dort abgebildet ist, geben Sie diesen unter **www.TOPP-kreativ.de/DigiBib** ein. Nach erfolgreicher Registrierung erhalten Sie Zugang zur digitalen Bibliothek & können sofort loslegen.

YouTube

Sie wollen eine ganz neue Technik ausprobieren? Sie arbeiten an einem spannenden Projekt, aber wissen nicht weiter? Unsere Tutorials, Werbetrailer, Interviews & Making Of's auf **www.YouTube.com/Frechverlag** helfen Ihnen garantiert dabei, den passenden Ratgeber von TOPP zu finden.

Instagram

Sie sind auf Instagram unterwegs? Super, TOPP auch. Folgen Sie uns! Sie finden uns auf **www.Instagram.com/Frechverlag**

Möchten Sie uns an Ihrem Lieblingsprojekt teilhaben lassen? Am besten posten Sie gleich ein Foto mit dem Hashtag **#frechverlag** & wir stellen Ihr Werk gerne unserer Community vor – yeah!

Alles in einer Hand gibt's hier:

Kreativ-Bücher finden Sie auf www.TOPP-kreativ.de

Susanne Pypke arbeitet als freie Lektorin und Kreativ-Autorin im Stuttgarter Westen. Ihre Leidenschaft für das Selbermachen hat sie schon früh entdeckt. Nichts war schöner, als an Regentagen zu basteln, in Mamas Nähkästchen zu kramen oder die Gerätschaften in Papas Werkstatt auszuprobieren. Ihr Können setzt sie bis heute in zahlreichen DIY-Projekten um. Ein kleiner Ausschnitt davon ist auf ihrem Kreativblog zu sehen (fraeuleinfloh.blogspot.de).

impressum

MODELLE: Susanne Pypke
FOTOS: frechverlag GmbH, 70499 Stuttgart; lichtpunkt, Michael Ruder, Stuttgart
SCHRITTILLUSTRATIONEN: schwab:illustrationen, Haselund
ILLUSTRATIONEN: Vecteezy.com (Schneeflocken; S. 10, 16, 62, 70); designed by freepik (alle übrigen)
PRODUKTMANAGEMENT UND LEKTORAT: Anna Burger
LAYOUT UND SATZ: Eva Grimme
DRUCK UND BINDUNG: Neografia, Slowakei

5. Auflage 2021

ISBN 978-3-7724-7872-7
Best.-Nr. 7872